一生モノのレシピが見つかる。
渡辺麻紀の台所

涙がでるほどおいしい

スープと煮込み

主婦の友社

スープやシチューがおうちで待っていると思うと、
早く帰って癒やされたい、そんな思いにかられます。

あたたまりたいとき、体調をととのえたいとき、おなかがすいているとき、
どんなときも体にやさしくしみ渡り、心をいっきに満たしてくれるのが
スープの魅力ではないでしょうか。

この本は、昔から愛されつづける王道のスープと煮込みを、
私のいちばんストレートなレシピでお届けします。
そこに、新しいスパイスや食べ方の提案もたっぷりと加えて、
バリエーション豊かにご紹介しています。
「おいしくなった！」と実感してもらえるための、
気軽に実践できるワンポイントを各レシピに込めました。

一度覚えて一生使える……ミネストローネやオニオングラタン、
コーンポタージュがずっとずっと愛されつづけるように、
この本を手にとってくれた人が、ずっとずっと使いつづけたくなる一冊でありますように。

みなさまの日々のおうちごはんが、もっと充実して楽しいものになりましたら、
心からうれしく思います。

渡辺麻紀

Contents

<u>Part</u> **1**

昔も今も変わらない、
不動の人気スープを厳選

王道のスープ

<u>Part</u> **2**

野菜のうまみをまるごと味わえる

ポタージュ

<u>Part</u> **3**

ごはんと合わせたい、 大満足の1品

おかずスープ

1品で充実!

Everydayスープの魅力

1 1品で、肉や野菜がたっぷり！体にやさしい

本書のスープは、肉や魚、野菜などの具がごろごろとたっぷり入ったスープや、野菜をまるごとつぶしたうまみたっぷりのポタージュがいっぱい。栄養バランスがよく、満腹感があってとにかくヘルシー。胃腸が疲れているときにも最適です。具だくさんであたたかいスープは、体思いで心まで満たしてくれるはず。

トスカーナ風
ミネストローネp.12

豚汁p.20

体あたため

野菜たっぷり

ヘルシー

消化によい

心が休まる

満腹感がある

2 ごはんやパンと合わせれば、この1品で「献立」に。ごはん作りがラクできます

具だくさんで"食べるスープ"感覚なので、おかずや汁物を何品も作らなくても、これ1品で満足できる食卓が作れます。時短でラクしながら、充実した食生活を応援してくれる優秀スープ。サラダやピクルスなどをプラスしてもよいでしょう。

忙しい人にぴったり

スペイン風アホスープp.56

3 毎日にも、おもてなしにも。幅広く使えるラインナップ

毎日の朝、昼、夜にはもちろん、大人にも子どもにも飲みやすく喜ばれるので、おもてなしにもおすすめ。ほかほかスープから暑い日の箸休めにしたい冷たいスープまで、誰もに人気の王道スープをご紹介します。王道をしっかりマスターしたら、Part4のひと手間かけたワンランク上のメニューにも挑戦してみましょう。

サーモンとほうれんそうの
ポタージュp.78

パイシートを
のせて
焼くだけで

Arrange

サーモンとほうれんそうの
ポットパイp.79

たとえば……

∨

Breakfast

朝のスープ ————

具たっぷり。
煮るだけの
スープは
忙しい朝に
ぴったり

キャベツとソーセージのトマトスープp.60

Lunch

昼のスープ ————

どんなスープも
スープジャーに
入れれば
できたての
おいしさ

かぼちゃのポタージュp.47

Dinner

夜のスープ ————

具だくさんで
コクたっぷりの
担担スープで
ごはんがすすむ

担担スープp.54

それぞれのライフスタイルや
体調に合わせて

冷蔵・冷凍できるものは
作りおきしても便利　>

煮込みのススメ **3**

1 1品でいっきに 食卓が豪華になる

煮込み料理は、なべひとつでできるので案外ラクできるうえ、見た目に豪華な料理が多いので、毎日のおかずはもちろん、おもてなしにも最適。家族や友人にも感激してもらえることまちがいなしです。前日に仕込んでおけるのもうれしい魅力。

おもてなしに
∨

ボルシチp.112

＜ 毎日のおかずに

ロールキャベツp.100

2 なべ1つで煮込むだけなので、 実は簡単

　一見ハードルが高く感じられるかもしれませんが、なべひとつで煮込むだけなので、実は簡単なのが煮込み料理。お気に入りのなべを使い慣れてくると、ますますおいしく作れるようになるでしょう。弱火でことこと煮込む時間は手が離せるので、同時にほかの料理を作れます。

3 保存性が高いので作りおきに。2日目以降がさらにおいしい!

長時間火を入れることで保存性が高まり、作りおきできるのも魅力のひとつ。たっぷり作って何日か楽しむことができます。おでんやシチューは、味がなじんだ2日目以降はさらにおいしくなります。忙しい日やおもてなしの前日に作っておくと、慌てずおいしく、で一石二鳥。

じんわり味がしみ込んで美味

おでんp.106

ポトフp.92

保存容器や保存袋に入れて

ごはんにもお酒にもぴったり

香り・味のアクセントに　飾りに　くさみ消しに

ハーブ＆スパイスひとつで
格段においしく!

ドライハーブ＆スパイス

乾燥させたハーブやスパイスはびん詰めなどでスーパーに売られています。使いやすいので、初心者におすすめです。いくつか持っておくと重宝します。

クミン
（クミンシード、クミンパウダー）

強く奥深い香りとほのかな苦み、渋みがある。カレー粉にブレンドされるスパイスのひとつで、クミンシードと呼ばれる粒タイプのほか、パウダータイプもある。独特の香りは肉と相性がよく、くさみも消してくれるので肉料理によく用いられる。食感を楽しみたいときは粒タイプがおすすめ。

シナモンパウダー／
シナモンスティック

特徴的な芳香のあるスパイスで、シナモンの樹皮をはがし、乾燥させたもの。独特の甘みと香り、かすかな辛みがあり、スティックはカプチーノに添えたり、パウダーはアップルパイ、シナモンロールなどの洋菓子の香りづけに使われたりする。

キャラウェイシード

甘い香りとほろ苦い味わい、プチプチとした食感が特徴。見た目がクミンとよく似ているので、混同されやすい。特にキャベツとの相性がよく、ザワークラウトには欠かせないスパイスとされている。また、ドイツではリキュールの材料として用いられ、シルバー・ヴリット等のカクテルに用いられる。イタリアのリキュール、カンパリのフレーバーとしても知られている。

ターメリック
パウダー

独特の香りと苦みのある、黄色く色づけるスパイス。カレー粉の主原料で、入れすぎると色が悪く、粉っぽさがきわ立つので注意を！ウコンとも呼ばれる。

コリアンダー
（シード、パウダー）

コリアンダー（香菜）の種。香菜の葉とは違い、柑橘系のような甘みがある。コリアンダーシードと呼ばれる粒状は香りがほのか。パウダーもあり、とろみづけにもなる。

カイエンヌ
ペッパー

赤とうがらしの粉末で、とても辛い。入れてから辛さをやわらげることはできないので、入れすぎないように。

チリパウダー

辛みの強いとうがらしを粉末にしたチリペッパーに、オレガノやディルなどの数種類の香辛料をまぜたスパイス。西洋七味とも呼ばれる。

粉とうがらし

赤とうがらしの粉末。韓国のものは、日本の一味とうがらしよりも辛みがまろやか。なければ、一味とうがらしや豆板醤で代用を。

ローリエ

月桂樹の葉を乾燥させたもので肉のくさみを消す作用があり、スープ、肉料理、煮込み料理などに欠かせない。

クローブ

フトモモ科の木の花蕾を乾燥させたもの。とても強い香りをもち、カレー粉やチャイ、煮込みなどに使われることが多い。

ナツメグ

甘い芳香が特徴。肉料理のくさみ消しに使うことが多い。パウダーの市販品が便利だが、ホールをすりおろして使うとより香りがよい。

粒白こしょう

完熟したこしょうの実の皮をむいて乾燥させたもの。黒こしょうにくらべて辛みがやさしく、香りが上品。

粒黒こしょう

熟す前のこしょうの実を乾燥させたもの。辛みも香りも強く、こまかくひくほどに辛みが増す。

個性的な香りで肉や魚のくさみを消したり、味や盛りつけのアクセントとしても使われる
ハーブ＆スパイス。スープや煮込み料理に入れると、風味や香りが格段によくなり、
味に奥行きが生まれます。渡辺麻紀流スープ＆煮込みのおいしさの秘密は、
ハーブ＆スパイスを上手に使うこと。種類と特徴を知って、好みでとり入れてみましょう！

フレッシュハーブにトライして！

生のハーブは、ドライハーブとはまた違ったフレッシュな香りが特徴的です。スープや煮込み料理に添えるとワンランクアップして見えます。

香菜

個性的な強い香りがあり、タイやベトナムなどアジア各国の料理に使われる。アジアでは生の葉や茎を、ヨーロッパでは実をスパイスとして使う。

バジル

青じそに似た香りがするハーブで、イタリア料理でよく使われる。トマトと相性がよいので、トマトベースのスープや煮込み料理に合わせて。

パセリ

葉をつんで料理に添えたり、刻んで彩りや風味づけにしたり、さまざまなレシピに使いやすいハーブ。

イタリアンパセリ

ふつうのパセリよりもやさしい香りで、苦みはマイルド。葉の形がかわいいので、サラダやパスタに散らしたり、スープに浮かべても。

タイム

肉や魚介のにおいを消す上品な香りが特徴的。スープや煮込み料理によく使われ、ブーケガルニの材料にも。香りが強いので、量は控えめに。

セルフィーユ

さわやかな甘い香りを持ち、スープやサラダ、ドレッシングに用いられる。英語ではチャービル。

セージ

古くから薬用として親しまれているハーブ。肉や魚料理のくさみ消しや香りづけ。フレーバーティーにもよく使われる。

オレガノ

トマトやチーズと好相性なので、ピザやパスタによく使う。ほかに、肉のくさみを消してくれるので、肉の煮込み料理にもよく使う。

ディル

さわやかですっきりとした香りと強い甘みをもち、魚料理に合わせることが多い。葉がフェンネルとよく似ている。

ハーブをまとめて…

ブーケガルニ

パセリの茎、タイムやローリエ、セロリの茎などを束ねたもので、肉や魚介類のくさみとりに、煮込み料理によく使われる。好みのスパイスを束ねて！

使うときは、なべに結んで →

スープや煮込み料理に入れると行方不明になるので、ブーケガルニを束ねた糸を、なべの取っ手に結んでおくとよい。

市販のブーケガルニ

ドライハーブをミックスして、お茶パックに入れたものがあり、ブーケガルニと同じように使える。

この本のルール

「だし」や「スープのもと」について

本書のレシピに出てくる「だし」「ブイヨン」「スープのもと」は、市販の顆粒だしや固形スープのもとを使用しても、自分でとっただしやブイヨンを使ってもOK。自分でとりたいときは、巻末"一度覚えて一生使える絶品ブイヨン＆だし4種"(p.138〜141)で作り方をご紹介しています。

市販品

どちらでもOK！
おすすめは
自家製だしや
ブイヨン。
格段においしく
なります

自家製だし

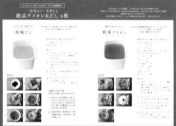
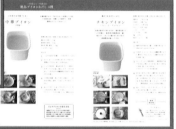

火かげんについて

火かげんは、とくに指定のない場合は中火で加熱してください。なべや食材の大きさにもよりますので、様子をみて焦げつかないようかげんして。

調理について

● 材料は、基本4人分で表記しています。

● 計量単位は、小さじ1＝5㎖、大さじ1＝15㎖、1カップ＝200㎖です。

● 野菜は、とくに指定がない場合は、洗う、皮をむくなどの作業はすませてからの手順を説明しています。果物は皮ごと使う場合、ノーワックスをおすすめします。

● 本書に出てくる「油」は、太白ごま油、なたね油、米油、グレープシードオイルなど、好みの油を使ってください。本書では、太白ごま油を使用しています。

1

昔も今も変わらない、
不動の人気スープを厳選
王道のスープ

ミネストローネ、クラムチャウダー、
オニオングラタンスープ……
昔から愛され続けるものは、大人にも子どもにとっても、
今も不動の人気です。
くり返し作ってほしいメニューを厳選し、
いちばんシンプルなレシピでご紹介します。
新定番のエスニック系スープも加えました。

たっぷりの野菜とパスタが入ったミネストローネを、
豆ッ食いと呼ばれるイタリア・トスカーナ地方風に

トスカーナ風ミネストローネ

材料［4人分］

トマト缶 … 小1缶（200g）

白いんげん豆の水煮缶 … 約½缶

じゃがいも … 2個

にんじん … ½本

セロリ、ズッキーニ … 各小1本

玉ねぎ … ½個

ベーコン … 4枚（60g）

ショートパスタ（好みのもの）… 50g

にんにく … 1かけ

ローリエ … 1枚

オリーブ油 … 大さじ2

チキンブイヨン（または野菜ブイヨン）
　　… 5カップ

パルミジャーノ・レッジャーノのすりおろし
　（または粉チーズ）… 大さじ2

塩 … 小さじ½

こしょう … 少々

作り方

1　じゃがいも、にんじん、セロリ、ズッキーニ、玉ねぎ、ベーコンは、1cm四方または1cm角に切る。にんにくは半分に切って芯をとる（**a**）。

2　なべにオリーブ油とにんにくを入れて熱し、弱火でいためる。香りが立ったら、ベーコン、玉ねぎ、にんじんを加えていためる（**b**）。玉ねぎがしんなりしたら、残りの野菜をすべて加えていためる（**c**）。

3　全体に油が回ったら、ブイヨン、ローリエを加え、トマトを手でくずしながら加える。中火にし、煮立ったらアクをとる。ショートパスタを加え、少しずらしてふたをして20分ほど煮る。

4　白いんげん豆を加え（**d**）、塩、こしょうで味をととのえ、10分ほど煮る。

5　器に盛ってチーズを振り、好みでオリーブ油を回しかけ、あればバジルをのせる。

POINT

野菜、ベーコンなどの具は同じ大きさにそろえて切る。

焦げないように木べらでまぜながら玉ねぎが透き通るまでしっかりいためる。

玉ねぎが透き通ったら残りの野菜を加えていためる。

豆は煮込むと自然につぶれ、適度なとろみがつく。

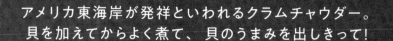

アメリカ東海岸が発祥といわれるクラムチャウダー。
貝を加えてからよく煮て、貝のうまみを出しきって!

あさりのボストン風クラムチャウダー

14

材料［4人分］

あさり（砂出ししたもの、または小粒のはまぐり）… 400g

じゃがいも … 2個

にんじん … 1本

玉ねぎ … 1個

ベーコン … 3枚

にんにく … 1かけ

油 … 大さじ1

バター … 10g

薄力粉 … 大さじ3

白ワイン … ¼カップ

牛乳 … 2カップ

塩、こしょう … 各適量

クラッカーを砕きながらどうぞ。

作り方

1 じゃがいも、にんじん、玉ねぎ、ベーコンは1cm四方
または1cm角に切る（**a**）。にんにくは半分に切って芯
をとり、包丁でつぶす。

2 なべに油を入れ、弱火でベーコンをいためる。脂がじ
ゅうぶんに出たら、残りの1を入れ、塩、こしょう各
少々を振っていためる（**b**）。

3 バター、薄力粉を加えて軽くいためたら、白ワインを
加えて中火にし（**c**）、ひと煮立ちしたら水1¼カップと
あさりを加える。

4 煮立ったらアクをすくい、火を弱めてふたをして15
分ほど煮る。にんにくをとり出しスプーンの背などで
つぶして戻し入れる。牛乳を加え、塩、こしょうで味
をととのえ、ひと煮立ちさせる。

5 器に盛り、あればパセリのみじん切りを振り、好みで
クラッカーを添える。

POINT

（**a**）

野菜、ベーコンなどの具は同じ大
きさにそろえて切る。

（**b**）

焦げないように木べらでまぜなが
らいためる。

（**c**）

全体に油が回ったら、白ワインを
加える。

あさりを砂出しするときは……

あさりは塩水（水1カップに対
し、塩小さじ1の割合）に入れ
てふきんやペーパーをかぶせ、
冷暗所に1～2時間おく。殻を
こすり合わせてよく水洗いし、
ざるに上げる。

フランスでは、元気の出るスープとして定番。
クミンを入れて、ほんのりスパイシーにするのが渡辺流

オニオングラタンスープ

材料［4人分］

玉ねぎ … 大2個（約700g）

バゲット … 5mm厚さ4枚

Ⓐ
　バター… 30g
　クミンシード（好みで）… 小さじ2

赤ワイン（または白ワイン）… ½カップ

塩 … 適量

こしょう … 少々

シュレッドチーズ … 50g

＊グリュイエール、パルミジャーノ・レッジャーノ、ゴーダ、
　ピザ用など好みのチーズでOK。

作り方

1 玉ねぎは四つ割りにしてから繊維を断つように薄切りにする（a）。

2 厚手のなべを弱火にかけ、Ａ、玉ねぎ、塩小さじ½をいためる。玉ねぎを焦がさないよう、まぜながらあめ色になるまで30〜40分いためる（b）。

3 赤ワインを加えて中火にし、煮立ったら水3.5カップを加える。再び煮立ったらアクをすくい、弱火にして15分ほど煮る。塩、こしょう各少々で味をととのえる。

4 耐熱容器に入れ、バゲット、チーズの順にのせる。200度に予熱したオーブンでチーズに焼き色がつくまで7〜8分焼く。

食材 MEMO

シュレッドチーズ

シュレッド＝小さく切ったもののことで、チェダー、ゴーダ、モッツァレラなどのナチュラルチーズをまぜていることが多く、高熱でとけやすい。ピザ用チーズともいう。

クミンシード
∧
ハーブ＆スパイス
p.8〜9で紹介

POINT

(a) 玉ねぎは繊維を断つように切る。こうすることで、玉ねぎの甘みがよく出る。

(b) 玉ねぎのいためかげんがおいしさの秘密。30〜40分じっくりと焦がさずにいため、あめ色に。

やさしい味わいなので、胃が疲れたとき、
体調をくずしているときにも

野菜のコンソメスープ

材料 [4人分]

にんじん … ½本
セロリ … 1本
ポワロー（または長ねぎ）
　… 4cm
キャベツ … 大1枚
野菜ブイヨン … 3.5カップ
塩、こしょう … 各少々
オリーブ油 … 小さじ4

作り方

1　にんじん、セロリ、ポワロー、キャベツは2
　〜3mm幅のせん切りにする(a)。

2　なべにブイヨンを入れてあたため、ひと煮立
　ちしたら1を加え、しんなりするまで4〜5
　分煮る。塩、こしょうで味をととのえる。

3　器に盛り、あればレモンの皮をすりおろして
　散らし、オリーブ油を回しかける。

POINT

2〜3mmとごく細く切ることで、や
さしい口ざわりに仕上げる。

食材
MEMO

ポワロー

ねぎの仲間で、長ねぎよりも味、
香りともにまろやかでやさしく、
甘みがある。白い部分が太く、
緑の部分は扁平で厚みがあり、
V字形。なければ長ねぎや玉ね
ぎで代用可。

トマトのほどよい酸味と
凝縮された野菜のうまみが
おいしい冷製スープ

ガスパチョ

材料［2〜3人分］

トマト（完熟したもの）… 2個（350g）

紫玉ねぎ（または玉ねぎ）… 2個（80g）

きゅうり … 1本

セロリ … ¼本（40g）

パプリカ（赤）… ⅛個（40g）

にんにくのすりおろし … 小さじ⅓

赤ワインビネガー… 小さじ2〜3

塩、こしょう … 各少々

オリーブ油 … 大さじ2

バゲット（茶色い部分を除いて）… 30g

＊またはパン粉 … 大さじ3

作り方

1　トマトは湯むきし、種をとって乱切りにする。きゅうりは種をとり、パプリカはへたと種をとって、玉ねぎ、セロリとともに乱切りにする。

2　にんにく以外の材料をすべてミキサーにかける。保存容器に入れ、にんにくをまぜ、冷蔵庫で1時間〜一晩おく（一晩おくと、味がなじんでなおおいしい）。

3　器に盛り、あればセロリの葉、輪切りにした赤ピーマンとピーマンを添える。

**食材
MEMO**

赤ワインビネガー

ぶどう果汁をアルコール発酵させたあとに造られた酢。赤ワインビネガーは赤ぶどうから造られ、やや渋みがあるので、煮込み料理に合う。

根菜と豚肉で作る実だくさんの汁。
これ1品で大満足!

豚汁

材料［4人分］

豚バラ薄切り肉 … 200g
大根（細め）… 7cm（200g）
にんじん … ½本（100g）
ごぼう … 40cm（100g）
里いも … 4個（240g）
長ねぎ … ½本
しいたけ … 4個
こんにゃく … ½枚（120g）
油 … 小さじ2
和風だし … 5カップ
みそ … 80g

さらに
おいしく

麦みそ

九州に伝わる、麦麹で造られるみそ。麦の香りが高く、さっぱりした味わい。甘さは種類によって異なる。

黒七味

独特の濃い色みの七味とうがらし。鼻に抜けるような豊かな香りと奥深い味わいが特徴。

作り方

1 豚肉は3cm幅に切る。小なべに湯を沸かし、酒大さじ1（分量外）を入れ、豚肉をばらして加える。表面が白くなったら、とり出して湯をよくきる。

2 大根、にんじんは1cm厚さのいちょう切り、ごぼうは皮をこそげてから5mm厚さの斜め切り、里いもは1cm厚さの輪切りまたは半月切り、長ねぎは1cm厚さの小口切りにする。しいたけは石づきをとって放射状に4〜5等分に切り、こんにゃくは小さくちぎる。

3 なべにたっぷり湯を沸かし、2をすべて入れて1分ゆで、ざるに上げて湯をきる。

4 なべを熱して油を入れ、長ねぎ以外の野菜と豚肉をいためる。全体に油が回ったら、和風だしを加え、煮立ったらアクをすくいながら、10分ほど煮る。

5 野菜と肉に火が通ったらみその半量をとき入れ、長ねぎを加える。長ねぎが透き通ったら、残りのみそをとき入れる。

6 器に盛り、好みで黒七味や七味とうがらしを振る。

Part
1
王道のスープ

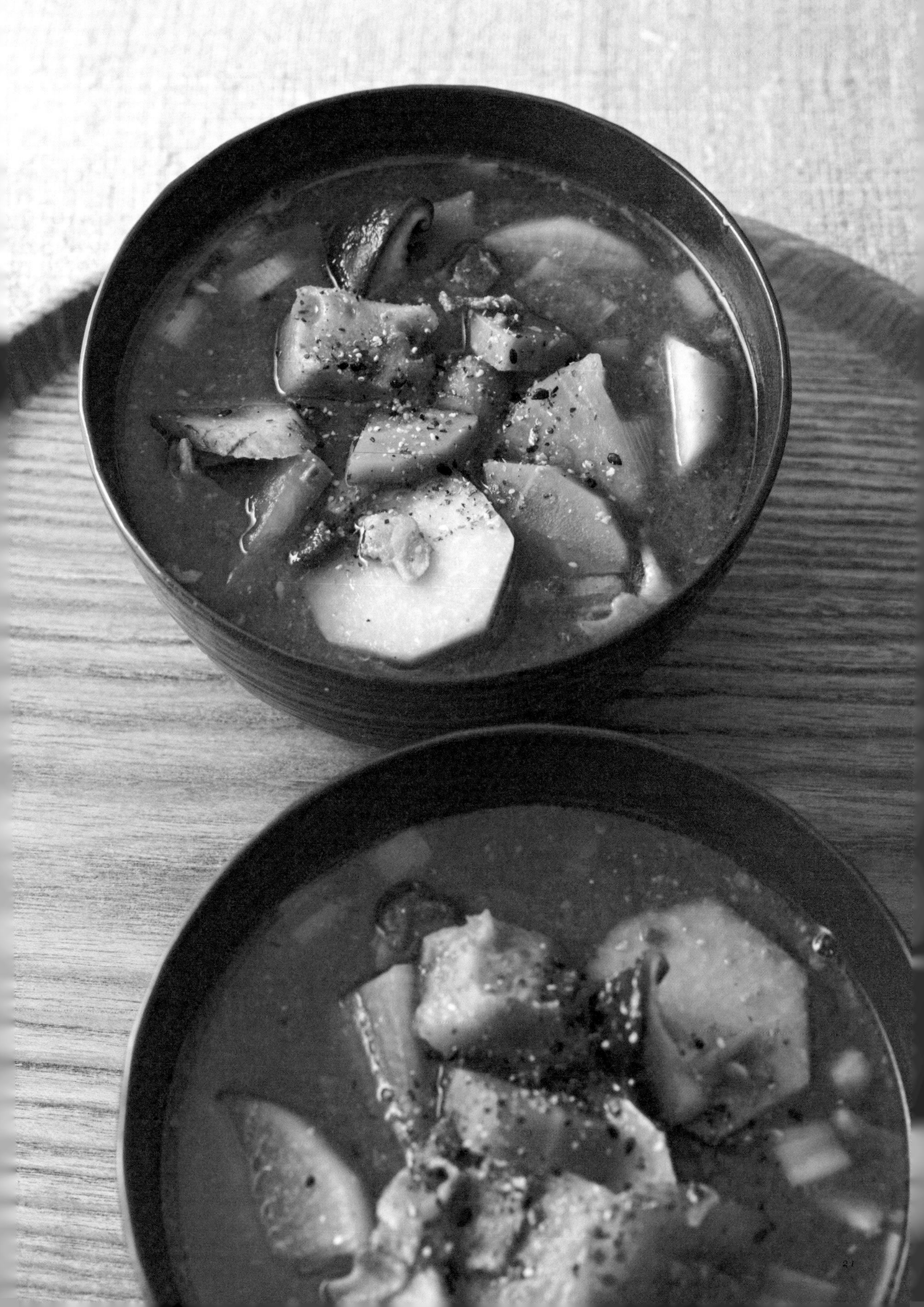

すくいどうふがおいしい、韓国の定番スープ。
コチュジャンでピリ辛味に仕上げて!

スンドゥブチゲ

材料［4人分］

あさり（砂出ししたもの）… 300g

絹ごしどうふ … 1丁（300g）

豚バラ薄切り肉 … 100g

長ねぎ … 1本

長ねぎのみじん切り … 大さじ1

ごま油 … 大さじ1

中華ブイヨン … 3カップ

A{
酒、コチュジャン … 各大さじ1
砂糖、にんにくのすりおろし … 各小さじ1
しょうゆ … 小さじ2
粉とうがらし（または豆板醤）… 小さじ1
}

作り方

1　長ねぎは5mm厚さの斜め切りにする。豚肉は1cm幅に切る。

2　なべにごま油を熱し、長ねぎのみじん切りと豚肉をいためる（a）。色が変わったらブイヨンと、Aを順に加える。

3　あさりを加え、とうふをスプーンで¼量ずつすくってそっと加えて煮立てる。あさりの口があいたら長ねぎを加え、ひと煮する。

食材
MEMO

コチュジャン

韓国料理の定番調味料。もち米麹、とうがらしの粉などから作られる発酵食品で、甘辛い味が特徴。

粉とうがらし

赤とうがらしの粉。日本の一味とうがらしよりも辛みがまろやか。なければ、一味とうがらしや豆板醤で代用可。

POINT

（a）長ねぎ、豚肉をいためたら、コチュジャンなどの調味料を加える。

コーンのやさしい甘みと、
とろ～りふわふわの卵が絶妙

チャイニーズ
コーンスープ

材料［4人分］

クリームコーン缶 … 小1缶（190g）
ホールコーン … 100g
中華ブイヨン … 3¾カップ
紹興酒（または酒）… 大さじ1
塩、こしょう … 各少々
かたくり粉 … 大さじ2
卵 … 1個

作り方

1 なべにブイヨンと紹興酒を入れて火にかける。
　 ひと煮立ちしたら、クリームコーンを加えて
　 まぜ、煮立ったら、塩、こしょう、ホールコー
　 ンを加えてまぜる。

2 かたくり粉を水大さじ2でといて回し入れ、
　 まぜながらとろみをつける。軽く煮立ったら
　 といた卵を糸状に回し入れ（a）、1分ほど煮
　 る。

3 器に盛り、あれば香菜を散らす。

**食材
MEMO**

紹興酒

中国のもち米を原料とする醸造
酒で、アルコール度数が14〜
18度。食欲増進、疲労回復、
消化を助けるともいわれる。

POINT

なべの中をお玉でぐるぐるとまぜながらとき卵を
たらすと、きめこまかく仕上がる。

黒酢の酸味がおいしい中国の定番スープ。
ゆでためんを加えて食べてもおいしい!

酸辣湯

サン ラー タン

材料［4人分］

豚もも薄切り肉 … 150g

ゆでたけのこ … 140g

しいたけ … 4個

絹ごしどうふ … ½丁（150g）

卵 … 1個

中華ブイヨン … 4カップ

Ⓐ 酒、かたくり粉、しょうがのしぼり汁
　　　… 各小さじ1

Ⓑ 黒酢 … 大さじ1
　 酒 … 大さじ½
　 しょうゆ … 小さじ1
　 塩 … 小さじ½

かたくり粉 … 小さじ2

香菜（好みで）… 適量

ラー油 … 少々

作り方

1　豚肉は細切りにし、Ⓐをまぶす（a）。

2　とうふは16等分のさいの目に切る。たけの
　　こは長さを3〜4等分し、縦に薄切りにする。
　　しいたけは軸をとって薄切りにする。香菜は
　　茎を小口切りにし、葉をつむ。

3　なべにブイヨンを煮立て、1をほぐしながら
　　入れる。煮立ったら火を弱めてアクをすくい、
　　たけのことしいたけを加えて5分煮る。Ⓑを
　　加え、かたくり粉を水小さじ2でといて回し
　　入れてとろみをつける。とうふを加え、とい
　　た卵を糸状に回し入れ、1分ほど煮る。

4　器に盛り、香菜とラー油を好みの量入れる。

POINT

豚肉に、酒、かたくり粉、しょうがのしぼり汁を
もみ込んで下味をつける。

スパイシーな辛みと酸味がクセになる
タイのえびのスープ

トムヤムクン

材料［4人分］

有頭えび … 8尾

ふくろたけ（水煮缶）… 12個

Ⓐ
| こぶみかんの葉 … 3枚
| レモングラスの茎（20cmくらい）… 2本
| 青とうがらし … 2本
| タイしょうがの薄切り（なければしょうが）… 10g
| 香菜（根つき）… 2株

油 … 大さじ1

Ⓑ
| ライム（またはレモン）のしぼり汁 … 大さじ3
| ナンプラー… 大さじ2
| チリインオイル … 小さじ2

作り方

1 ふくろたけは縦半分に切り、できたら下ゆでする（下ゆですると、くさみがとれておいしく仕上がる）。えびは洗い、ひげを切り落として（a）殻と頭をとる（殻と頭は捨てない）。身は切り目を入れて背わたをとる。

2 こぶみかんの葉はかたい葉脈をとり除き、繊維を断つようにせん切りにする。レモングラス、青とうがらしは薄い小口切りにする。香菜は根と茎を薄い小口切りにし、葉を飾り用につんでとっておく。

3 なべに油を熱し、えびの殻と頭を入れて、木べらでくずすようにしていためる（b）。水2.5～3カップを加え、煮立ったら弱火にし、アクをすくいながら10分ほど煮る。えびの殻と頭を押してこし、スープを2.5カップとる。

4 3のスープを別のなべに入れ、ふくろたけ、Ⓐを加えて5～6分煮る。ひと煮立ちしたらⒷ、1のえびを加え、火が通るまで4～5分煮る。

5 器に盛り、香菜の葉を飾る。

POINT

えびのひげは切り落とす。頭の先をキッチンばさみで切るとだしがよく出る。

えびのうまみが出るように、頭と殻を木べらで押しながらいためる。

食材 MEMO

タイ食材をとり入れてみましょう

ふくろたけの水煮

世界各国で自生、栽培されるきのこ。東南アジア、中国でよく食べられ、日本では缶詰が主流。

こぶみかんの葉

タイ原産のかんきつ類で、果実は緑色、葉は香り高い。タイではバイ・マックルーという。ネットなどで買え、ドライもある。

レモングラスの茎

レモンに似た香りが特徴のハーブ。アジア料理によく使われ、トムヤムクンに欠かせない。

青とうがらし

アジアで最も辛いといわれるとうがらしで、辛さのほか独特の風味がある。プリッキーヌという。トムヤムクン、グリーンカレーに欠かせない。

タイしょうが

普通のしょうがより香りが強く、日本では南姜（なんきょう）とも呼ばれる。トムヤムクンの香りづけに欠かせない。

ナンプラー

日本を含め、アジアで広く使われている、魚介類を原料とした液体調味料・魚醤。タイではナンプラーが有名。

チリインオイル

干しえび、にんにく、大豆などを揚げて、すりつぶした甘みそ状のもの。甘く、濃厚な香りがあるタイの調味料。タイではナムプリックパオという。

スープと食べる
ごはんバリエーションカタログ

スープとパンの組み合わせは定番ですが、シチューやおかず感覚で食べられる
具だくさんスープは、ごはんとの相性も抜群です。
スープに合わせて、ごはんにもひと味加えるとさらに大満足の1食になります。

＊材料と作り方は、すべて4人分。

新定番のスープデリの味。
和洋中、カレーなどにも合います

白ごまごはん

炊きたてのごはん2合分に、
いり白ごま大さじ2をまぜる。

乾燥のクミンをまぜるだけ！
洋風、エスニックの
スープや煮込みに

クミンライス

炊きたてのごはん2合分に、
クミンシード大さじ1と
オリーブ油小さじ1をまぜる。

あらびきのブラックペッパーが
スパイシー好きにはたまらない

黒こしょうごはん —

炊きたてのごはん2合分に、
あらびき黒こしょう小さじ2をまぜる。

香ばしいガーリックオイルを
あつあつごはんにまぜて

— ガーリックライス

なべに、オリーブ油小さじ1を熱し、
にんにくのみじん切り1かけ分を弱火で
きつね色になるまでいため、
炊きたてのごはん2合分にまぜる。

バターの風味づけがポイント!
洋風スープにぜひ

パセリバターライス —

炊きたてのごはん2合分に、
パセリのみじん切り大さじ2と
バター小さじ1をまぜる。

日本でももはや定番。
エスニックのスープや煮込みに

ジャスミンライス —

ジャスミンライス2合は
ざっと洗ってざるに上げ、
水けをきって炊飯器の内釜に入れ、
360mlの水を加え、ふつうに炊く

ジャスミンライス

案外どんなスープもデリ風に♪
体も喜ぶヘルシーごはん

— 十穀ごはん

米2合は洗ってざるに上げ、水けをきって
炊飯器の内釜に入れ、十穀を製品の表示どおりに
加えてまぜ、ふつうに炊く。

十穀米

気分でごはんに加えて。
本書では冷や汁や、
韓国風スープで合わせています

麦ごはん —

米2合は洗ってざるに上げ、水けをきって
炊飯器の内釜に入れ、押し麦を製品の
表示どおりに加えてまぜ、ふつうに炊く。

押し麦

Part

2

野菜のうまみを
まるごと味わえる

ポタージュ

野菜をまるごとつぶして
クリーミーに仕上げたポタージュは、
彩りの美しさはもちろん、濃厚な食材の味わいが
ダイレクトに口に広がり、たまらないおいしさ。
温製でも冷製でも、四季を通じて一年じゅう楽しめます。
ひとつ作ればほぼ要領は同様なので、
いろいろな野菜で味わってください。

じゃがいものうまみが詰まった
冷製ポタージュ

ヴィシソワーズ
（じゃがいもの冷製ポタージュ）

Arrange

ヴィシソワーズにブイヨンのジュレを添えたスープ。
暮れていくパリの夕暮れをあらわしているといわれています

パリ・ソワール

ヴィシソワーズ

材料［4人分］

じゃがいも … 2〜3個（300g）

ポワロー … 7cm（または玉ねぎ … 小½個）

チキンブイヨン（または野菜ブイヨン）
　　… 2.5カップ

ローリエ … 1枚

牛乳 … ½カップ

生クリーム … ¼カップ

塩、こしょう … 各少々

油 … 大さじ1.5

食材 MEMO

ポワロー

ねぎの仲間で、長ねぎよりも味、香りともにまろやかでやさしく、甘みがある。白い部分が太く、緑の部分は扁平で厚みがあり、V字形。

作り方

1　じゃがいも、ポワローは薄切りにする。

2　なべを弱火で熱して油を入れ、ポワローを焦がさないようにいため（a）、じゃがいもを加えていためる（b）。

3　じゃがいもが透き通ったら、ブイヨン、ローリエを加え、中火にする。煮立ったらアクをすくい（c）、火を弱めて少しずらしてふたをし（d）、10分ほど煮る。じゃがいもがつぶれるくらいにやわらかくなったら（e）、塩、こしょうで味をととのえ、火を止めて完全に冷ます。ローリエをとり除く。
　●保存するときは、ココまで終えたら（p.50参照）。

4　3と牛乳をミキサーによくかけて（f）、生クリームを加えまぜる。容器に入れ、ラップをかけて冷蔵庫で1時間冷やす。

5　よくまぜて器に盛り、好みでセルフィーユ、あらびき白こしょうを散らす。あたためて温製ポタージュにしても。

パリ・ソワール

材料［4人分］

ヴィシソワーズ … 上記の分量

〈ブイヨンのジュレ〉

　チキンブイヨン（室温において冷ます）
　　… 1カップ

　粉ゼラチン … 5g

　塩、こしょう … 各少々

作り方

1　ヴィシソワーズは上記の作り方1〜4のとおりに作る。

2　粉ゼラチンは水大さじ3にときまぜ、15分ほどおいてふやかす。電子レンジに5〜6秒かけ、ブイヨンに加えて（g）まぜる。塩、こしょうで味をととのえ、ラップをかけて冷蔵庫で1時間冷やし固める。

3　2をスプーンなどでくずし（h）、器に盛る。1を注ぎ、好みでセルフィーユを飾る。

POINT

ポワローをしっかりいためて、甘みを引き出す。

じゃがいもが透き通るまでいためる。

アクをていねいにすくう。アクはうまみでもあるので、とりすぎない。

完全にふたをせず、ややずらすことで味を凝縮させる。

じゃがいもがつぶれるくらいにやわらかくなるのが、煮かげんの目安。

牛乳と合わせて、ミキサーでなめらかになるまでかくはんする。

パリ・ソワールを作るなら

軽くあたためたブイヨンにふやかしたゼラチンを入れてとかす。

固まったら、スプーンなどで適宜くずす。

コーンポタージュ

トマトクリームポタージュ

アスパラのポタージュ

ほのかなカレー風味が
とうもろこしの甘さを引き出す

コーンポタージュ

材料［4人分］

とうもろこし（生）… 2本（正味400g）
（またはクリームコーン缶 … 1缶〈約400g〉）
玉ねぎ … ¼個
バター … 20g
チキンブイヨン … 2.5カップ
ローリエ … 1枚
牛乳 … 1カップ
生クリーム … ¼カップ
カレー粉 … 適量
塩 … 適量
こしょう … 少々

作り方

1 玉ねぎは繊維を断つように薄切りにする。と
うもろこしは飾り用に薄切り4枚を切り、塩
ゆでする。残りは包丁で実をこそげる。

2 なべを弱火にかけてバターをとかし、玉ねぎ
を入れてしんなりするまでいためる。

3 こそげたとうもろこしを加えていため、バタ
ーが全体に回ったら、ブイヨン、ローリエ、
塩少々を加えて中火にする。ふたをし、やわ
らかくなるまで煮る。火を止めてあら熱をと
る。ローリエをとり除き、ミキサーにかける。
●保存するときは、ココまで終えたら（p.50
参照）。

4 なべに戻し、弱火にかけて牛乳と生クリーム
を加える。塩、こしょう各少々、カレー粉小
さじ½で調味する。

5 器に盛ってカレー粉少々を振り、飾り用のと
うもろこしの輪切りをのせる。冷蔵庫で冷や
して冷製にしても。

シンプルなトマトの酸味がさわやか!

トマトクリームポタージュ

材料［4人分］

トマト（完熟のもの）
　… 大2個（450g）
玉ねぎ … ½個
野菜ブイヨン … 1.5カップ
塩、こしょう … 各少々
オリーブ油 … 大さじ1

作り方

1 玉ねぎは、縦半分に切ってから繊維を断つように薄切りにする。

2 なべを弱火にかけてオリーブ油を熱し、玉ねぎをしんなりするまでいためる。

3 トマトはへたをとって10等分くらいの乱切りにし、2に加える。

4 ブイヨン、塩、こしょうを加えて中火にし、ふたをしてトマトが煮くずれるくらいまで20分ほど煮る。あら熱をとってミキサーにかける。
　●保存するときは、ココまで終えたら（p.50参照）。

5 冷製なら冷蔵庫で冷やし、温製ならあたためる。器に盛り、あれば生クリーム¼カップを軽く泡立ててのせ、ローズマリーを添える。

さわやかな香りとやさしい色合いが絶妙!

アスパラのポタージュ

材料［4人分］

グリーンアスパラガス
　… 3束（350g）
玉ねぎ … ¼個
じゃがいもの薄切り … 60g
野菜ブイヨン … 2.5カップ
生クリーム … ½カップ
塩、こしょう … 各少々
オリーブ油 … 大さじ1

作り方

1 玉ねぎは繊維を断つように薄切りにする。アスパラは茎のかたい部分の皮をむいて薄切りにし、塩を入れた湯でやわらかくなるまでゆでる（仕上げに穂先を飾りたい場合は先に切っておき、ともにゆでる）。

2 別のなべを弱火にかけ、オリーブ油で玉ねぎとじゃがいもをしんなりするまでいためる。ブイヨン、塩、こしょうを加えて中火にし、やわらかくなるまで煮る。

3 アスパラと、あら熱をとった2を合わせてミキサーにかける。
　●保存するときは、ココまで終えたら（p.50参照）。

4 3に生クリームを加えまぜる。冷製なら冷蔵庫で冷やし、温製ならあたためる。器に盛る。

ブロッコリーのポタージュ

カリフラワーのポタージュ

マッシュルームのポタージュ

赤パプリカのポタージュ

牛乳と生クリームを加えず、さっぱりとした味わいに

ブロッコリーのポタージュ

材料［4人分］

ブロッコリー … 小1個（250g）
玉ねぎ … ½個
じゃがいも … 小1個（100g）
野菜ブイヨン … 2.5カップ
塩、こしょう … 各少々
オリーブ油 … 適量

作り方

1 ブロッコリーは小房に分け、ざく切りにする。茎はかたい部分の皮をむき、薄切りにする。玉ねぎは縦半分に切ってから繊維を断つように薄切りにする。

2 なべを弱火で熱してオリーブ油大さじ1を入れ、玉ねぎをしんなりするまでいためる。ブイヨンを加え、すりおろしたじゃがいも、塩、こしょうを加え、ふたをして8分ほど煮る。ブロッコリーを加え、ふたをしてさらに3分ほど煮る。

3 2のあら熱をとり、ミキサーにかける。
●保存するときは、ココまで終えたら（p.50参照）。

4 冷製なら冷蔵庫で冷やし、温製ならあたためる。器に盛り、オリーブ油少々を回しかける。好みで塩ゆでにしたブロッコリーを飾っても。

ほっこりとしたやさしさを味わって!

カリフラワーのポタージュ

材料［4人分］

カリフラワー … 1個（360g）
野菜ブイヨン … 2カップ
豆乳（調整、無調整のどちらでも）… 1カップ
塩 … 適量
こしょう … 少々

食材 MEMO

ピンクペッパー

コショウボクの木の実を乾燥させた香辛料。色と香りが特徴、肉料理などのトッピングにも。

作り方

1 カリフラワーは小指の先ほどの大きさに切る。茎は皮を厚めにむき、あらみじんに切る。なべに湯を沸かし、カリフラワーと塩少々を入れ、カリフラワーがくずれるくらいやわらかくなるまでゆでる。

2 あら熱をとり、カリフラワーとゆで汁½カップ、ブイヨンをミキサーにかける。
●保存するときは、ココまで終えたら（p.50参照）。

3 なべに戻して弱火であたため、塩、こしょう各少々で味をととのえ、豆乳を加えまぜる。あたたまったら、すぐに火を止める。

4 冷製なら冷蔵庫で冷やし、温製ならあたためる。器に盛り、好みでピンクペッパーとセルフィーユを飾る。

マッシュルームの香りがたまりません

マッシュルームのポタージュ

材料［4人分］

マッシュルーム … 2パック（180g）
玉ねぎのみじん切り … ¼個分
にんにくのみじん切り … 小さじ½
バター … 30g
チキンブイヨン … ⅔カップ
タイム … 3〜4本
牛乳 … 1カップ
生クリーム … ½カップ
塩、こしょう … 各少々

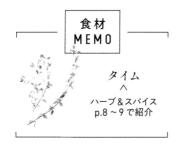

食材
MEMO

タイム
∧
ハーブ＆スパイス
p.8〜9で紹介

作り方

1 マッシュルームは石づきをとり除き、軸ごと薄切りにする。

2 なべを弱火にかけてバターをとかし、にんにく、玉ねぎをしんなりするまでいためる。マッシュルームを加え、しんなりするまでさらにいため、ブイヨンとタイムを加える。中火にし、煮立ったらアクをすくい、ふたをして弱火で10分ほど煮る。マッシュルームを飾り用に12枚、とり分ける。
●**保存するときは、ココまで終えたら**（p.50参照）。

3 牛乳を加え、さらに5分煮て塩、こしょうで味をととのえる。あら熱をとってミキサーにかけ、なべに戻す。

4 ボウルに生クリームを入れて泡立て器で八分立てにし、**3**に加える。

5 すぐに器に盛り、飾り用のマッシュルームと、タイムを飾る。あればシナモンパウダーを振る。冷蔵庫で冷やして冷製にしても。

鮮やかな真っ赤な色合いで元気に！

赤パプリカのポタージュ

材料［4人分］

パプリカ（赤）… 2個（400g）
玉ねぎ … ½個
じゃがいも … 1個（120g）
野菜ブイヨン … 3カップ
生クリーム … ¼カップ
塩、こしょう … 各少々
オリーブ油 … 大さじ2
黒オリーブ（種なし）… 2粒

作り方

1 玉ねぎは縦半分に切ってから繊維を断つように薄切りにする。パプリカはへたと種をとり、2cm四方に切る。じゃがいもは薄切りにする。

2 なべを弱火にかけてオリーブ油を熱し、パプリカ、玉ねぎ、じゃがいもをしんなりするまでいためる。

3 ブイヨン、塩、こしょうを加えて中火にし、ふたをしてやわらかくなるまで15分ほど煮る。あら熱をとってミキサーにかける。
●**保存するときは、ココまで終えたら**（p.50参照）。

4 **3**に生クリームを加えまぜる。冷製なら冷蔵庫で冷やし、温製ならあたためる。器に盛り、輪切りにした黒オリーブを飾り、オリーブ油（分量外）を回しかける。

にんじんのポタージュ

焼きなすのポタージュ

かぼちゃのポタージュ

ごぼうのポタージュ

クミンとごまの組み合わせが新しい！

にんじんのポタージュ

材料［4人分］

にんじん … 2本（340g）

バゲット … 3cm厚さ

バター … 30g

野菜ブイヨン … 2カップ

生クリーム … 1/2カップ

塩、こしょう … 各少々

クミンシード、いり白ごま … 各小さじ2

食材
MEMO

クミンシード
∧
ハーブ＆スパイス
p.8〜9で紹介

作り方

1 にんじんは皮ごと、薄めの輪切りにする。

2 なべににんじん、バター、ブイヨン、ちぎったバゲット、塩、こしょうを入れ、ふたをして火にかける。煮立ったら火を弱め、にんじんがくずれるくらいやわらかくなるまで煮る。火を止めて完全に冷ます。
●保存するときは、ココまで終えたら（p.50参照）。

3 2を生クリームとともにミキサーにかける。冷製なら冷蔵庫で冷やし、温製ならあたためる。器に盛り、クミンシードと白ごまを振る。

なすを焼いた香ばしい風味が◎。
冷製でも温製でもおいしい

焼きなすのポタージュ

材料［4人分］

なす … 4個

　｜　塩 … 少々

Ⓐ　オリーブ油 … 大さじ1

　｜　チキンブイヨン … 1カップ

生クリーム … 1/4カップ

パルミジャーノ・レッジャーノ

（または粉チーズ）… 適量

作り方

1 なすは皮目に包丁で縦に5〜6カ所切り込みを入れ、皮つきのまま魚焼きグリルなどで焼き、あら熱がとれたら皮とがくをとり除く。

2 1をざく切りにし、Ａとともにミキサーにかける。
●保存するときは、ココまで終えたら（p.50参照）。

3 なべに戻し、生クリームを加えまぜる。冷製なら冷蔵庫で冷やし、温製ならあたためる。器に盛り、好みで薄く切ったパルミジャーノ・レッジャーノとあればバジルの葉をのせ、オリーブ油をたらす。

クリームチーズでコクがアップ！
かぼちゃの皮はとり除かなくてもOK！

かぼちゃのポタージュ

材料［4人分］

かぼちゃ … ⅙個（320g）
チキンブイヨン … 2.5カップ
ローリエ … 1枚
牛乳 … 1カップ
クリームチーズ … 40g
生クリーム … ¼カップ
塩、こしょう … 各適量

作り方

1　かぼちゃは種と皮をとり除き、1cm厚さに切る。クリームチーズは室温にもどす。

2　なべにかぼちゃ、ローリエ、ブイヨンを入れて煮る。煮立ったらアクをすくい、ふたをして弱火にし、かぼちゃがくずれるまで10分ほど煮る。火を止めて完全に冷まし、ローリエごとミキサーにかける。
●保存するときは、ココまで終えたら（p.50参照）。

3　クリームチーズに生クリームを少しずつ加えてときのばし、塩、こしょう各少々を振る。

4　2をなべに戻し、牛乳を加えて塩、こしょう各少々で味をととのえる。冷製なら冷蔵庫で冷やし、温製ならあたためる。器に盛り、3を回しかける。好みで粒白こしょうをつぶして散らす。

ほのかな土の香り。
食物繊維がたっぷりのごぼうがうれしい

ごぼうのポタージュ

材料［4人分］

ごぼう … 大1本（約200g）
玉ねぎ … ½個分
チキンブイヨン（または野菜ブイヨン）
　… 2.5カップ
ローリエ … 1枚
牛乳、生クリーム … 各⅔カップ
ベーコン … 2枚
塩、こしょう … 各少々
油 … 大さじ2
あらびき黒こしょう … 少々

作り方

1　ベーコンは1cm幅に切り、フライパンでカリッといためる。

2　ごぼうは皮をこそげてから5mm厚さに切る。玉ねぎは縦半分に切ってから繊維を断つように薄切りにする。

3　なべを弱火にかけ、油を熱し、ごぼうと玉ねぎをいためる。全体に油が回り、玉ねぎがしんなりしたら、ブイヨンとローリエを入れて中火にし、ふたをして煮立ったら弱火にして30分ほど煮る。ときどきアクをすくいながら煮、ごぼうがやわらかくなったら火を止めて完全に冷まし、ローリエごとミキサーにかける。
●保存するときは、ココまで終えたら（p.50参照）。

4　なべに戻し、牛乳、生クリームを加え、塩、こしょうで味をととのえる。器に盛り、ベーコンと黒こしょうを散らす。冷蔵庫で冷やして冷製にしても。

ポタージュの保存法

ポタージュは、おいしさそのままに、作りおきすることができます。
朝のために前夜に作っても。具がごろごろ入っているスープを冷凍すると、
解凍したときに具の食感が変わってしまうことがありますが、
ポタージュは材料をミキサーでかくはんしているので冷蔵も冷凍もOK。

保存方法

牛乳や生クリームを入れて作ることが多いポタージュ。牛乳、生クリームは冷蔵、冷凍できないわけではありませんが、傷みやすい食材です。冷蔵、冷凍するときは、牛乳や生クリームを入れる前がおすすめ。また、酸化しないように空気にふれないように保存するのがポイント。密閉保存容器や保存袋を使いましょう。

保存容器で保存

ポタージュを保存容器に入れ、スープが空気にふれないようにラップをしてからふたをする。スープが熱いときは、容器ごと網などの上にのせてあら熱をとりましょう。

保存期間の目安

冷蔵…3、4日間　冷凍…2週間

保存袋で保存

ポタージュのあら熱をとってから、保存袋に入れます。袋の中の空気をできるだけ抜いて口をとじます。冷凍するときは、バットなどにのせると素早く冷凍できます。

飲むときは

冷凍している場合は、冷蔵庫に移して解凍します。解凍したら、各レシピのとおりに、牛乳や生クリームを入れて仕上げます。冷蔵保存していたものも同様に仕上げましょう。

Part

3

ごはんと合わせたい、
大満足の1品

おかずスープ

肉や魚、野菜をたっぷりと使った具だくさんの
"食べるスープ"は、おかずいらずで充実した食卓を作れます。
ごはんやパンを合わせれば、おなかも満足、
栄養バランスもよく、作るのも片づけもラク。
「忙しくても手作りの体にやさしいごはんが食べたい人」
そんな人の味方です。

豚バラかたまり肉をやわらかく煮た
ミネストローネより食べごたえのあるトマトスープ

白いんげん豆と豚肉の イタリア風スープ

材料［4人分］

白いんげん豆の水煮缶 … 1缶（正味240g）
豚バラかたまり肉 … 350g
トマト … 1個（170g）
玉ねぎ … ½個
セロリ、にんじん … 各½本
にんにく … ½かけ
ローリエ … 1枚
塩 … 小さじ2
オリーブ油 … 大さじ3

作り方

1 豚肉は塩をまぶし（a）、バットに入れてラップをかけ、室温で15〜30分おく。

2 玉ねぎ、セロリ、にんじんはみじん切りにする。にんにくは半分に切って芯をとり、みじん切りにする。トマトはざく切りにする。

3 なべを弱火にかけ、オリーブ油とにんにくをいため、香りが立ったら、玉ねぎ、セロリ、にんじんを入れ、とろとろになるまでまぜながら20分ほどいためる。

4 豚肉は、流水で塩を洗い水けをきり、1cm厚さに切る。

5 フライパンに油はひかずに熱し、豚肉の両面を色よく焼く（中まで火を通さなくてよい）。

6 3のなべに5、水2.5カップ、ローリエを加える。中火にし、煮立ったらアクをすくい、弱火にしてふたをし、肉がやわらかくなるまで20分ほど煮る。白いんげん豆と缶汁、トマトを加え、20分ほど煮る。

7 器に盛り、あればイタリアンパセリを飾る。

POINT

a

豚肉は塩をまぶして手でもみ込む。冷蔵庫に一晩おいて塩漬けにしてもおいしい。

食材 MEMO

白いんげん豆の 水煮

高たんぱく・低脂肪の豆。世界各国で主食やたんぱく質源として食べられ、イタリア、フランスでは煮込み料理によく使われる。

添えたごはんは、
白ごまごはん
（p.30 参照）

ひき肉とワンタンの皮を入れて、包まないワンタン風に。
スープは中国・四川省定番の担担めん仕立てにしました

担担スープ

材料［4人分］

豚ひき肉 … 200g
チンゲンサイ … 2株
豆もやし … 1パック（200g）
ワンタンの皮 … 8枚
にんにくのみじん切り … 小さじ1
長ねぎのみじん切り … 大さじ3
ザーサイのみじん切り … 30g
干しえびのみじん切り … 10g
中華ブイヨン … 5カップ

A ┌ しょうゆ … 大さじ1
　│ 白ごまペースト … 大さじ4
　│ 砂糖 … 小さじ1
　│ すり白ごま … 大さじ2
　│ あらびき黒こしょう … 小さじ¼
　└ ラー油 … 小さじ2

酢 … 小さじ1
油 … 小さじ2

作り方

1 豆もやしはひげ根をとる。豆もやし、チンゲンサイはそれぞれ塩ゆでする。チンゲンサイは縦4等分に切る。ワンタンの皮は1枚を9等分に切る。

2 なべに油を熱し、ひき肉がポロポロになるまでしっかりいためる。ざるに上げ、余分な油を落とす。

3 2のなべをさっとふいて弱火にかけ、にんにく、長ねぎをいためる。香りが立ったら、2を戻し入れ、ブイヨン、ザーサイ、干しえびを加えて中火にする。煮立ったら5分ほど煮る。

4 A、ワンタンの皮を手早く1枚ずつ加え、ワンタンの皮に火が通ったら、火を止めて酢を回し入れる。

5 器に盛り、チンゲンサイともやしを添える。

濃厚クリーミーでごはんに合う。

食材
MEMO

ザーサイ

中国の漬け物。薄切りや細切りのびん詰めが日本では普及しているが、大きいままのホールがおすすめ。

きのこがたっぷり食べられるのがうれしい！
豆乳ベースにクミンでちょっぴりスパイシー

きのこ盛りだくさんの豆乳スープ

材料［4人分］

しいたけ … 4個
まいたけ、しめじ … 各1パック
にんにくのみじん切り … 小さじ¼
クミンシード … 小さじ1
白ワイン … 大さじ2
野菜ブイヨン … 2.5カップ
ローリエ … 1枚
豆乳（調製、無調整のどちらでも）
　… 1カップ
塩、こしょう … 各少々
油 … 大さじ1

食材
MEMO

クミンシード
∧
ハーブ＆スパイス
p.8～9で紹介

作り方

1　しいたけは石づきをとって半分に切り、しめじは石づきをとって一口大に、まいたけは一口大に切る（a）。

2　なべを弱火にかけ、油とにんにくをいためる。香りが立ったら中火にし、1とクミンシードをいためる。

3　全体に油が回ったら白ワインを加え、ひと煮立ちしたらブイヨン、ローリエを加える。煮立ったら弱火にし、アクをすくいながら15分ほど煮る。塩、こしょうで味をととのえ、豆乳を加えて1分ほど煮る。

4　器に盛り、あればディルを散らす。

POINT

a

きのこは1種でも作れるが、数種類をまぜるとより奥深い味わいに。

添えたごはんは、
ガーリックライス
（p.31 参照）

アホはスペイン語でにんにくのこと。
スペイン・カスティーリャ地方でポピュラーなスープ

スペイン風アホスープ

材料［4人分］

にんにく … 1玉（正味80g）

生ハム（またはベーコン）… 40g

トマト … 1個（170g）

バゲット … 2切れ（40g）

卵 … 4個

チキンブイヨン（または野菜ブイヨン）
　　… 4カップ

Ⓐ パプリカパウダー、塩 … 各小さじ1
　チリパウダー … 小さじ½

塩、こしょう … 各少々

オリーブ油 … 大さじ2

あらびき黒こしょう … 少々

作り方

1　にんにくは1かけをそれぞれ縦半分に切って芯をとり、横に薄切りにする。生ハムは1cm四方に、バゲットは1cm角に切る。トマトはざく切りにする。

2　なべを弱火で熱し、オリーブ油とにんにくをじっくりいためる。香りが立ったら、生ハム、バゲット、ブイヨン、トマト、**A**を加えて中火にする。煮立ったらアクをすくい、ふたをして弱火で20分ほど煮る。

3　泡立て器でバゲットをくずすようにまぜてなじませ、塩、こしょうで味をととのえる。

4　別のなべに湯を沸かして酢少々（分量外）を入れ、卵を割り落としてポーチドエッグを作る。好みのゆでかげんで火を止めてとり出す。4個作る。

5　器に**3**を盛り、ポーチドエッグをのせ、あればパセリのみじん切り、あらびき黒こしょうを振る。

食材
MEMO

チリパウダー
∧
ハーブ＆スパイス
p.8〜9で紹介

添えたごはんは、
クミンライス
（p.30 参照）

市販のグリーンカレーペーストに、こぶみかんの葉などを
プラスして本格的な味わいに！

タイ風 グリーンカレースープ

材料［4人分］

有頭えび … 8尾

しめじ … 8株

なす … 2個

パプリカ（黄）… 1個

ミニトマト … 8個

たけのこ（水煮）… 150g

油 … 大さじ2

グリーンカレーペースト（市販）… 1袋（50g）

Ⓐ
| ココナッツミルク … 2カップ
| 水 … 1.5カップ
| ナンプラー … 大さじ1
| 砂糖 … 大さじ1
| こぶみかんの葉（あれば）… 2枚

作り方

1 えびは背わたを除き、塩ゆでにする。

2 しめじは石づきをとり、ミニトマトはへたをとる。なすは1cm厚さの輪切り、パプリカは乱切りにする。たけのこは食べやすい大きさのくし形に切る。

3 なべに油を熱してなすを焼き、グリーンカレーペーストを加えて焦がさないようさっとためる。香りが立ったら、Ⓐと残りの野菜を加え、20分ほど煮る。えびを加えてさっと煮る。

4 器に盛り、あればバジルをのせる。

食材
MEMO

タイ食材をとり入れてみましょう

ココナッツミルク

すりおろしたココナッツの固形胚乳と水を煮込んで裏ごしした、甘い乳状の食材。

こぶみかんの葉

タイ原産のかんきつ類で、果実は緑色、葉は香り高い。タイではバイ・マックルーという。ネットなどで買え、ドライもある。

ナンプラー

日本を含め、アジアで広く使われている、魚介類を原料とした液体調味料・魚醤。

グリーンカレー ペースト

タイしょうが、レモングラス、クミンなど、グリーンカレーに欠かせない香辛料が入ったペースト。

添えたごはんは、
ジャスミンライス
（p.32 参照）

ソーセージのうまみと、キャベツの甘みがおいしい。
トマトベースのやさしい味わいのスープです

キャベツとソーセージの
トマトスープ

材料［4人分］

キャベツ … ⅛個
ウインナソーセージ（好みのもの）
　… 12本（400g）
＊写真は白ソーセージ4本（160g）、
　ソーセージ8本（240g）使用。
玉ねぎ … ½個
トマト缶 … ½缶（200g）
チキンブイヨン … 1.5カップ
ローリエ … 1枚
クミンシード … 小さじ2
塩、こしょう … 各少々
オリーブ油 … 大さじ2

作り方

1　ソーセージは2〜3本の切り目を入れる。キ
　ャベツ、玉ねぎは4等分のくし形に切る。

2　なべを火にかけてオリーブ油大さじ½を熱
　し、ソーセージを転がしながら焼き目をつけ
　てとり出す。

3　残りのオリーブ油大さじ½を入れ、キャベ
　ツに焼き色がつくまで両面焼き、とり出す。

4　オリーブ油大さじ½を入れ、玉ねぎを加え
　て全体が色づくまで焼く。

5　2、3を戻し入れ（a）、ブイヨン、トマトを手
　でくずしながら加え、ローリエ、クミンシー
　ドを加える。煮立ったらアクをすくい、ふた
　をし、弱火にして15分ほど煮る。塩、こしょ
　うで味をととのえる。

食材 MEMO

クミンシード　　　ローリエ
∧
ハーブ＆スパイス
p.8〜9で紹介

POINT

ソーセージ、キャベツ、玉ねぎはしっかり焼きつ
けると、香ばしく仕上がる。

添えたごはんは、
パセリバターライス
（p.31 参照）

材料［4人分］

豚ひき肉（赤身）… 200g

塩蔵わかめ（もどしたもの）… 50g

A
| セロリのあらめのみじん切り
　… 1/2本分（70g）
| 塩 … 小さじ1/2
| ごま油 … 大さじ1
| 紹興酒（または酒）… 小さじ2

B
| 香菜のみじん切り … 1株分
| 干しえびのあらめのみじん切り
　… 大さじ1
| 長ねぎのみじん切り、しょうがの
　みじん切り … 各大さじ1

| 中華ブイヨン … 4カップ
| 紹興酒（または酒）… 大さじ1

C
| 酢 … 小さじ2
| 油 … 小さじ4
| 塩、こしょう … 各少々

作り方

1　わかめはざく切りにし、水けをよくきる。

2　ボウルにひき肉、A、水1/4カップを入れて、手でよくねる。

3　わかめ、Bを加えてまぜ合わせ、4等分して丸める。

4　なべにCを入れて火にかけ、ひと煮立ちさせる。3の肉だ
んごをそっと入れて火を弱め、少しずらしてふたをして
15分ほど煮る。途中、肉だんごの上下を返し、均等に火
を通す。

ふわっとした口当たりの肉だんごを
さっぱりとしたさわやかなスープに浮かべて

豚肉だんごの
中華風スープ

干しえびからおいしいだしと塩分が出るので、
味つけの塩は控えめに!

ほたてとはるさめのスープ

材料［4人分］

ほたて貝柱缶
　…1缶（70g）
はるさめ…60g
干しえび…5g
長ねぎ…8㎝
赤ピーマン、
ピーマン…各1個
中華ブイヨン
　…5カップ
酒…1/4カップ
塩、こしょう…各少々

作り方

1　はるさめはたっぷりの水につけてもどし
（a）、4〜5㎝長さに切る。干しえびはあ
らみじんに切る。長ねぎ、ピーマンは4㎝
長さのせん切りにする。

2　なべにブイヨン、酒、干しえび、ほたてを
ほぐして缶汁ごと加え、火にかける。煮立
ったら、はるさめを加えて弱火にし、塩、
こしょうで味をととのえて5分ほど煮る。

3　ピーマン、長ねぎを加え、火が通るまで2
〜3分煮る。

POINT

はるさめは、端を輪ゴムなどで結わい
てから水につけてもどすとバラバラに
ならない。

宮崎県の郷土料理・冷や汁。
宮崎県出身者に教わった、地元の家庭の味

冷や汁

材料［4人分］

あじの干物 … 2枚（160〜200g）

長ねぎの小口切り … 15cm分

木綿どうふ … ½丁（150g）

きゅうり … 1本

みょうが … 2個

青じそ … 5枚

ピーナッツのあらめのみじん切り
　… 大さじ2

＊おつまみ用などの味つきでよい。

みそ … 大さじ5

すり白ごま … 大さじ3

氷（家庭用の大きさ）… 20個

麦ごはん … 適量

作り方

1 あじの干物はフッ素樹脂加工のフライパンで両面をしっかり焼く。水4カップを加え、煮立ったら弱めの中火にして7〜8分煮る。煮汁をざるなどでこしてボウルに入れ、あじの皮と骨をとり除いて身をほぐしてまぜる（身をほぐしたあと、すり鉢ですると、よりなめらかになる）。

2 1のフライパンを弱めの中火にかけ、長ねぎをいためる。しんなりしたらみそを加え、焦げる寸前までいため合わせる。1の汁を加え、煮立ったらそのままおいてあら熱をとる。

3 きゅうり、みょうがは薄めの小口切りにし、青じそはせん切りにする。

4 2に、とうふを手でくずしながら加え、ピーナッツと白ごまを加えて氷を浮かべる。麦ごはんにきゅうり、みょうが、青じそを盛り、汁をかけて食べる。

＊写真のごはんは、麦ごはん。

濃厚な仕上がりが魅力。氷がとけてきたころが食べごろです。

いわしのすり身とみそなどで作る大きめのだんごは
口どけのよい食感。 あじやすけそうだらなどで作っても

いわしのつみれ汁

材料［4人分］

いわし … 6〜8尾 (正味400g)
＊生食用の新鮮ないわしを使うとよりおいしい！

Ⓐ みそ、酒 … 各大さじ1
　　しょうがのすりおろし
　　　… 小さじ2
　　かたくり粉 … 大さじ1
ごぼう … ½本
まいたけ … 1パック
Ⓑ 和風だし … 2.5カップ
　　酒 … 大さじ3
　　塩 … 少々
しょうがのしぼり汁 … 小さじ1
長ねぎ (白い部分) … ¼本

作り方

1 いわしは三枚におろしてから皮をむき（魚やさんでおろしてもらっても）、身を包丁でたたく。ボウルに入れ、**A**を加えてまぜる。

2 ごぼうは皮をこそげてからささがきにし、まいたけは一口大に切る。長ねぎはせん切りにする。

3 なべに**B**を入れて火にかけ、煮立ったらごぼうとまいたけを入れ、**1**をスプーンでラグビーボール状にすくってそっと入れる。

4 煮立たせすぎないように火かげんに注意し、つみれにときどき汁を回しかけながら7〜8分煮る。火を止め、しょうがのしぼり汁を回し入れる。

5 器に盛り、長ねぎをのせ、好みで七味とうがらしを振っても。

添えたごはんは、
十穀ごはん
（p.32 参照）

たいのあらからとびきりおいしいだしが出ます!
ハーブを入れて、風味よく仕上げました

たいのあらの
洋風スープ

材料［4人分］

たいのあら（頭、中骨）
　… 2尾分（合わせて600g）
ドライトマト（オイル漬けタイプ）… 1枚
　│　白ワイン … ¼カップ
　│　タイム … 4〜5本
Ⓐ │　ローリエ … 1枚
　│　オリーブ（黒、緑）… 各4粒
　│　塩、こしょう … 各適量
オリーブ油 … 小さじ4

作り方

1　なべにたっぷりの湯を沸かし、たいのあらを
　入れる。全体が白っぽくなったらとり出し
　（a）、流水で血合いなどを手早くきれいに洗
　い流し、水けをきる。

2　ドライトマトは5mm四方に切る。

3　1をなべに入れ、水5カップとⒶを入れて火
　にかける。煮立ったらアクをすくって火を弱
　め、2を加えて5分ほど煮る。

4　器に盛り、オリーブ油を回しかける。

食材
MEMO

たいのあら

たいのあらとは、刺し身用
などにおろすと出る頭や中
骨などのこと。煮ると、と
てもおいしいだしが出る。
身にくらべて安価。

ドライトマト

トマトに塩を振って天日干
しにしてオリーブ油に漬け
たもの。生よりも凝縮した
味わい。

ハーブ＆スパイス
p.8〜9で紹介
∨

タイム　　　　ローリエ

黒こしょう少々を振り、レモンをしぼって食
べるとおいしい。黒こしょうごはん（p.31
参照）と相性◎。

POINT

たいのあらは下ゆですることで、くさみがとれる。

朝鮮半島の家庭料理・チゲ（＝なべ料理）
キムチに納豆を組み合わせるのが渡辺流

キムチ納豆チゲ

材料［4人分］

白菜キムチ … 250g
納豆 … 2パック（80g）
＊大粒がおすすめ！

木綿どうふ … ½丁（150g）
豚バラ薄切り肉 … 200g
にら … ½束
長ねぎ … ½本
春菊 … ½束
中華ブイヨン … 3.5カップ

Ⓐ
　キムチの漬け汁 … 大さじ1
　粉とうがらし … 小さじ1
　酒 … 大さじ1
　砂糖 … 小さじ1
　アミの塩辛（あれば）… 小さじ1
＊アミの塩辛を入れるとコクが出る。

作り方

1　キムチは1cm四方に切り、とうふは4等分に切る。豚肉、にらは3cm長さに切る。春菊は葉をつみ、茎は長さを半分に切る。長ねぎは斜めに切る。

2　なべに、ブイヨン、キムチ、豚肉を入れて火にかける。煮立ったら弱火にし、とうふ、納豆、にら、長ねぎ、Ａを加えて15分ほど煮る。

3　豚肉の色が変わったら、春菊を加えてさっと煮る。

食材 MEMO

アミの塩辛

魚介類の身や内臓などを原料とした発酵食品。韓国ではキムチを漬ける際にも欠かせない。

ベトナム料理でよく使われる魚醤はニョクマムといい、
タイのナンプラーでも代用できます。 香菜は好みで添えて

あさりとクレソンの
ベトナム風スープ

材料［4人分］

あさり（砂出ししたもの）… 350g
クレソン（または小松菜、セロリ）
　… 2束
中華ブイヨン … 4カップ
酒 … 大さじ2
Ⓐ
　ニョクマムまたはナンプラー
　　… 小さじ2
　塩、こしょう … 各少々
　油 … 小さじ2
　赤とうがらし … 1本
レモン、香菜（好みで）… 各適量

作り方

1　クレソン、香菜はざく切りにする。
　赤とうがらしは種をとって小口切り
　にする。レモンはくし形に切る。

2　なべにあさりとブイヨン、酒を入れ
　て火にかける。煮立ったらアクをす
　くい、弱火にして10分ほど煮る。

3　あさりの口があいたら**A**、クレソン
　を加えてさっと煮る。

4　器に盛り、レモン、香菜を添える。

食材 MEMO

ナンプラー

スーパーなどで手に入りやすい。
ニョクマムに似ていて、魚介類
を原料とした調味料・魚醤。

とろとろとろけるとうがんとしょうがで
ほっこりあたたまる味わいに

鶏肉ととうがん、しょうがのスープ

材料［4人分］

骨つき鶏もも肉（水炊き用）… 500g
とうがん … 大⅛個（正味200g）
酒 … 少々

Ⓐ
| 中華ブイヨン … 4カップ
| しょうがの薄切り … 3枚
| 薄口しょうゆ … 小さじ2
| 塩 … 小さじ½
| こしょう … 少々

作り方

1 とうがんは種をとり、皮を厚めにむき、3cm
　角に切る（a）。なべにたっぷりの湯を沸かし
　て酒を入れ、とうがんを入れて7〜8分ゆで
　る。ざるに上げてあら熱をとる。

2 たっぷりの湯を沸かして鶏肉を下ゆでし（b）、
　くさみと余分な脂をとり除く。

3 なべをさっと洗い、1、2、Aを入れて火にか
　け、ひと煮立ちしたらアクをすくって弱火に
　し、ふたをして20分ほど煮る。

4 器に盛り、好みでごま油を回し入れ、かぼす
　を添える。

食材
MEMO

とうがん（冬瓜）

夏に収穫され、冬まで日もちする
ことから冬瓜と呼ばれる。クセの
ない味で、煮物、汁物、漬け物な
どに用いられる。

POINT

ⓐ

とうがんは、皮を厚めにむくと味がな
じむ。

ⓑ

鶏肉は下ゆですることで、くさみがと
れる。

スープや煮込みに添えたい
つけ合わせバリエーションカタログ

添えるだけでスープや煮込みのおいしさがより引き立ち、おなかも満足。
食卓もいっそう華やぎます。パンやクラッカーはひたして食べても
サクサク感を楽しんでも……どっちもたまりません！

パン

バゲットやドイツパンなど好みのパンを合
わせて。かたくなったパンは小さく切って
カリカリに焼き、クルトンにしても。

ナン

近年、スーパーなどでも冷蔵タイプや冷凍
タイプの市販品が出回っている。気軽にカ
レーやインド系のスープに合わせて。

作り方は
p.127
∨

マッシュポテト

なめらかに仕上げたマッシュポテトは肉の
煮込みにぴったり！ ワインとの相性もい
いのでおもてなしなどにも喜ばれます。

クラッカー

クラッカーやグリッシーニの買
いおきがあると、ちょっと小腹
がすいたときのスープや、おも
てなしのテーブルなど重宝。

Part

4

ひと手間かけて、
喜ばれたい日の
ごちそうスープ

誰かのために作るときや、
特別おいしいものが食べたいときに作る、
手間ひまかけたごちそうスープ。
決め手は、ハーブやスパイスに挑戦したり、
食材のうまみをしっかり引き出して作るひと手間!
見た目も味わいも格別です。

えびと野菜の風味、栄養が凝縮された
リッチなスープ。 フランス語で風車という意味の
こし器・ムーランを使いますが、 家庭ではざるでOK

えびのビスク

材料［5〜6人分・作りやすい分量］

有頭えび … 8尾（380g）

A
├ 玉ねぎのみじん切り … ½個分
├ にんじんの薄切り … ¼本分
├ セロリの薄切り … ⅓本分
└ にんにくのみじん切り … 1かけ分

玉ねぎ … ½個

トマトペースト … 小さじ2

ブランデー … 大さじ2

生クリーム … ¼カップ

バター … 小さじ2

塩 … 小さじ½

こしょう … 少々

油 … 大さじ4

食材 MEMO

トマトペースト

トマトを裏ごしして濃縮したもの。スープや煮込み料理に入れるとコクが出る。

POINT

(a) 頭を2〜3等分に切ると、えびからだしがよく出ておいしさが増す。

(b) えびの頭と殻を木べらで押しながらいためてうまみを出したら、ブランデーを加える。

(c) 食材をこす道具「ムーラン」。家庭ではざるでOK。

(d) えびのうまみが凝縮されたスープを玉ねぎの甘みと合わせる。

作り方

1 えびは洗って水けをきり、足とひげをはさみで切り落とし、頭をとる。頭はさらに2〜3等分に切る（a）。身は背わたをとり、ラップをかけて冷蔵庫に入れる（えびの殻と頭はとっておく）。

2 玉ねぎは縦半分に切って繊維を断つように薄切りにする。

3 なべを弱火にかけ、油大さじ2とAの野菜を入れ、まぜながらくたくたになるまで20分いためる。

4 別のなべを火にかけ、油大さじ1でえびの殻と頭を、木べらで叩きくずすようにしていためる。えびが赤くなり、水けがほとんどなくなるまで絶えず木べらを動かしながら焦がさないようにいためる。

5 トマトペーストを加えてからめるように手早くいため、ブランデーを加える（b）。水4カップと3を加える。煮立ったらアクをすくい、少しずらしてふたをし、弱火で20〜30分煮る。

6 5をムーランまたは目のあらいざるで押しながらこし、殻をとり除く（c）。

7 なべをペーパーでさっとふき、油大さじ1で、2の玉ねぎをしんなりするまで弱火でいためる。6のスープを加えて（d）中火にする。煮立ったら、えびの身を加えて4〜5分煮て、塩、こしょうで調味し、生クリームとバターを加えてまぜる。

8 器に盛り、好みでディルをのせる。

むずかしそうに見えますが、
鶏にもち米などを詰めてじっくり煮るだけ。
鶏肉なので1羽まるごと買っても案外安価

参鶏湯スープ

（サムゲタン）

材料［4人分］

小さめのまる鶏（中を掃除してあるもの）… 1羽（1.2kgくらい）

もち米 … 大さじ4

にんにく … 2かけ

なつめ（乾燥）… 6個（20g）

干ししいたけ … 4個

松の実、クコの実 … 各大さじ1

砂糖 … ひとつまみ

塩 … 小さじ1.5

こしょう … 少々

作り方

1 もち米はたっぷりの水に1時間以上ひたす。干ししいたけは砂糖を入れたぬるま湯でもどし、軸を切り落として4等分に切る。鶏は中をよく洗う。にんにくは半分に切って芯をとる。

2 もち米の水けをよくきり、松の実、クコの実とともに、鶏の中に詰め（a）、つまようじなどで鶏の皮をとめる。

3 深めのなべに2、水5カップ、にんにく、なつめ、しいたけ、塩、こしょうを入れ、火にかける。煮立ったら弱火にし、ふたをして2時間ほど煮る。ときどきアクをすくう。途中で、くずれないようそっと鶏の上下を返す。

＊圧力なべの場合は、30分加圧する。

圧力なべを使うと
煮る時間¼でやわらか。

食材 MEMO

なつめ

あんずのような甘みと酸味がある中国原産の木の実。中国食材のコーナーで手に入る。

松の実

松の種子で、アジアやヨーロッパなど世界各国で食べられている。韓国料理でよく用いる。

クコの実

きれいな赤色が特徴の果実で、中国料理によく使われる。血圧や血糖値の低下などに効果的。

POINT

もち米は加熱するとかさが増すので、八分目くらいを目安に詰める。

濃厚なクリームスープに、ほんのりスパイシーな味わいが
クセになります。子どもも大人も喜ぶスープ。

サーモンとほうれんそうの
ポタージュ

材料［4人分］

生鮭 … 2切れ（200g）
ほうれんそう … 4株（160g）
玉ねぎ … ½個
にんにくのみじん切り … ½かけ分
バター … 大さじ1
野菜ブイヨン … 3カップ
カレー粉 … 小さじ2
かたくり粉 … 大さじ2
生クリーム … ½カップ
塩、こしょう … 各適量
油 … 小さじ2

作り方

1　玉ねぎは1cm角に切る。ほうれんそうは塩ゆでして根元を切り落とし、2cm長さに切って水けをよくしぼる。鮭は皮を除いて、2cm四方に切り、塩、こしょう各少々をし、油を熱したなべで両面を焼いてとり出す。

2　1のなべにバター、にんにくを入れて弱火にかける。香りが立ったら玉ねぎを加え、玉ねぎがしんなりするまでいためる。

3　鮭、ブイヨン、カレー粉を加えて中火にして煮る。煮立ったら、かたくり粉を水大さじ2でといて回し入れ、とろみをつける。生クリームを加えて5〜6分煮て、塩、こしょうで味をととのえる。ほうれんそうを加え、1分煮て火を止める。

Arrange

冷凍パイシートでランクアップ。
パイをかぶせて焼いた豪華なスープを、熱々でどうぞ!

サーモンとほうれんそうの ポットパイ

材料［4人分］

サーモンとほうれんそうのポタージュ
　…4人分
卵黄…1個分
冷凍パイシート（市販・23cm四方）
　…1枚（120g）
打ち粉…少々

食材 MEMO

冷凍パイシート

解凍するだけですぐに使えるパイシート。自分でパイ生地を作らなくても手軽に使える。

作り方

1　パイシートは半解凍して打ち粉を振り、使用する容器の口径よりひと回り大きくくりぬき(**a**)、冷蔵庫で焼く直前まで休ませる。卵黄は水小さじ½でのばす。

2　耐熱容器にポタージュを盛り、耐熱容器のふちに水少々をつけ、**1**のパイシートを手早くかぶせ、水でのばした卵黄を表面にぬり、200度に予熱したオーブンで焼き色がつくまで7～8分焼く。

POINT

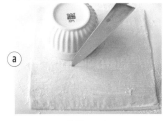

パイシートに容器の口を下にしてのせ、容器より少し大きめにくりぬく。

さくさくのパイをくずしながら食べて。

幼いころから食べさせてもらった、母の味。
白玉粉で作る皮は簡単で、もちもち感は何にも勝るおいしさです

上海風
白玉肉だんごスープ

材料［4人分］

白玉粉 … 130g
〈肉だんご（**16個分**）〉
| 豚ひき肉 … 100g
| 長ねぎのみじん切り … 大さじ2
| 干ししいたけ … 1個
| れんこんのみじん切り … 50g
| 干しえびのみじん切り … 5g
| しょうがのみじん切り … 大さじ1

〈スープ〉
| 中華ブイヨン … 3¼カップ
Ⓐ 干ししいたけのもどし汁 … ½カップ
| 塩、こしょう … 各少々
薄口しょうゆ … 小さじ1〜2
塩、こしょう … 各少々
砂糖 … ひとつまみ
香菜 … 1株
長ねぎ … ½本
ごま油 … 小さじ4

作り方

1 干ししいたけは砂糖を入れたぬるま湯でもどし、軸を切り落としてみじん切りにする。しいたけのもどし汁は½カップとっておく（足りなければ中華ブイヨンを足す）。香菜は食べやすく切り、長ねぎは斜め薄切りにする。

2 白玉粉に同量に近い水を入れ、耳たぶほどのやわらかさにねる。ラップでくるみ、15分ほどおく。

3 ボウルに肉だんごの材料を入れてよくねり、16等分する。**2**を16等分して、肉だねを包む（**a**）。

4 なべに**A**を入れて火にかけ、あたたまったら、**3**をそっと入れて10分ほど煮る。煮立たせないように火かげんに注意し、しょうゆ、塩、こしょうで調味する。

5 器に盛り、長ねぎと香菜をのせ、ごま油を回しかける。

食材 MEMO

干しえび

えびを天日干しにしたもので、凝縮されたうまみが特徴。中国料理でよく用いられる食材の一つ。

干ししいたけ

生しいたけを天日干しにしたもので、味わい深い。水でもどして使う。和食、中国料理でよく用いる。

POINT

生地を手のひらで丸め、押し広げたら、肉だねをのせて包み、口をとじる。

鶏肉とかぶをじっくり煮た、やさしいスープ。
パプリカがきいたハンガリー風の味わいを楽しんで!

鶏肉とかぶの ハンガリー風スープ

材料 [4人分]

鶏手羽元 … 8本

玉ねぎ … ½個

かぶ … 小4個

パプリカ（赤、黄）… 各½個

にんじん … ½本

セロリ … 1本

ミニトマト … 16個

にんにく … 2かけ

白ワイン … ½カップ

ローリエ … 2枚

チキンブイヨン … 2.5カップ

A
├ パプリカパウダー … 小さじ2
├ キャラウェイシード（あれば）… 小さじ1
├ カイエンヌペッパー（あれば・または
│ 　一味とうがらし）… 少々

塩 … 小さじ½

こしょう … 少々

オリーブ油 … 大さじ2

ディルのあらめのみじん切り … 大さじ2

作り方

1　玉ねぎは1cm厚さのくし形切り、にんじんは5mm厚さの
輪切りにする。かぶは茎の根元の土をよく洗い流し、葉
をつけたまま縦半分に切る。セロリとパプリカは1.5cm
四方に切る。ミニトマトはへたをとる。にんにくは半分
に切って芯をとる。

2　鶏肉は骨に沿って切り込みを入れる。

3　なべを火にかけ、オリーブ油大さじ½を入れ、鶏肉を
皮目から両面焼き、とり出す（中まで火が通らなくても
焼き色がつけばOK）。

4　なべをふき、残りのオリーブ油を弱火で熱し、にんにく
を香りが立つまでいためる。玉ねぎを加えていため、玉
ねぎがしんなりしたら、かぶとミニトマト以外の野菜を
加え、全体に油が回るまでいためる。

5　鶏肉を戻し入れ、白ワインを加えて中火にする。煮立っ
たらブイヨンとローリエを加えて強火にする。煮立った
ら弱火にし、アクをすくいながら、やわらかくなるまで
20分ほど煮る。

6　塩、こしょうで調味してミニトマトとかぶ、Aを加え、
具がやわらかくなるまで10分ほど煮る。

7　器に盛り、ディルを散らす。

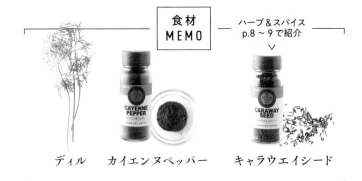

食材 MEMO

ハーブ＆スパイス
p.8〜9で紹介
∨

ディル　カイエンヌペッパー　キャラウェイシード

コラーゲンたっぷりの韓国の定番スープ。
じっくり煮込んで、とろとろ牛テールを味わって!

コムタン

材料［4人分］

牛テール肉 … 1kg
＊骨の節のところでカットされたものを使用するとよい。

大根 … ⅓本（300〜350g）
にんにく … 2かけ
長ねぎ（青い部分）… 1本

Ⓐ
| 薄口しょうゆ … 大さじ3
| ごま油 … 大さじ2
| すり白ごま … 大さじ2

酒 … ½カップ
塩、あらびき黒こしょう … 各少々
長ねぎの小口切り（青い部分・飾り用）… 適量

作り方

1 たっぷりの水に牛肉を1時間くらいさらし(**a**)、血抜きする。大根は2cm厚さの半月切りにし、竹ぐしで刺してすっと通るまで下ゆでする。にんにくは半分に切り、芯をとって横半分につぶす。

2 なべに牛肉とかぶるくらいの水を入れ、下ゆでする。牛肉が白くなったら、とり出して洗い、水けをよくきる。

3 なべに牛肉、酒、かぶるくらいの水を入れて火にかける。煮立ったらアクをすくう。アクが出なくなったらふたをして弱火にし、長ねぎ、にんにく、大根を加え、肉に箸が通るくらいやわらかくなるまで3時間煮る。
   ＊圧力なべの場合は、30分加圧する。

4 **A**を加えて塩、こしょうで味をととのえる。脂が気になる場合は、一度冷やして固まった脂をとり除いても(**b**)。

5 器に盛り、長ねぎをのせる。

圧力なべを使うと
煮る時間¼でやわらか。

食材 MEMO

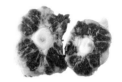

牛テール肉

テールとは、尻尾のつけ根のことでコラーゲンが豊富。シチューなどの煮込み料理に最適。

POINT

牛テールは下ごしらえが肝心。水にさらして血を抜き、下ゆですることでくさみをとる。

さっぱり仕上げたいときは、一度冷まして冷蔵庫で冷やし、脂を固まらせてとり除く。

海のミルクといわれるカキ。
ぜいたくなようですが、ミキサーにかけることで
極上の味わいになります。

カキのポタージュ

材料 [4人分]

カキ（水洗いしたもの）… 正味200g

玉ねぎ、ポワロー … 各40g

＊ポワローがなければ、玉ねぎ80gにする。

トマトペースト … 小さじ2

生クリーム … ⅔カップ

チキンブイヨン … 1.5カップ

塩 … 小さじ½

こしょう … 少々

油 … 大さじ1

〈スフレ〉

バター … 20g

薄力粉 … 20g

牛乳 … ⅔カップ

卵 … 2個

作り方

1　玉ねぎ、ポワローは繊維を断ち切って薄切りにする。

2　なべに油を弱火で熱し、1をしんなりするまでいためる。トマトペーストを加えていため、カキを加えて中火にしていためる。ブイヨンを加え、煮立ったらアクをすくい、ふたをして20分煮る。あら熱をとってミキサーにかける。なべに戻し、生クリームを加え、塩、こしょうで味をととのえる。

ここまでで
〈「カキのポタージュ」
完成

3　スフレを作る。小なべにバターをとかし、薄力粉をふるい入れていためる。牛乳を大さじ2ずつ注ぎながら泡立て器ですりまぜ、塩、こしょう（各分量外）で調味する。火を止め、卵黄を1個ずつ加え（a）、泡立て器でそのつどまぜ、ボウルに移す。

4　別のボウルに卵白を入れ、泡立て器で角が立つくらいのかたさのメレンゲを泡立てる。メレンゲの半量を3に加えてゴムべらでまぜ（b）、残りのメレンゲも加えてゴムべらでさっくりまぜる（c）。

5　耐熱容器に2を盛り、4を手早くのせ、190度に予熱したオーブンで表面がきつね色になるまで10分ほど焼く。

粉とバター、牛乳にしっかり火が通ってなじんでから、卵黄を1つ加え、手早くまぜる。

メレンゲの半量は、ゴムべらでしっかりまぜる。

残りのメレンゲは、泡をつぶさないようにゴムべらでまぜ、ふんわりと仕上げる。

Arrange

ふわふわのメレンゲが濃厚なカキのポタージュに絶妙。
ほかのポタージュにスフレをのせて焼いても、楽しめます

カキのスフレポタージュ

スープ・煮込み＋パスタで1品
パスタバリエーションカタログ

洋風のスープや煮込みにパスタを添えると、1品で満足できるメニューになります。
ランチやディナーで楽しみましょう。
煮込みには、パスタにひと味加えて添えると◎。

＊材料と作り方は、すべて1人分。

パセリの風味と色合いを加えて

パセリ＆パスタ

1　なべにたっぷりの湯を沸かし、ショートパスタ（写真はフィジリ）60gを入れてゆでる。ざるに上げ、水けをきる。

2　1と、オリーブ油、パセリのみじん切り各小さじ1、塩、こしょう各少々をあえる。

ロングパスタやマカロニでもおすすめ

チーズ＆パスタ

1　なべにたっぷりの湯を沸かし、ショートパスタ（写真はペンネ）60gを入れてゆでる。ざるに上げ、水けをきる。

2　1と、バター、パルミジャーノ・レッジャーノ（すりおろしたもの）小さじ1、塩、あらびき黒こしょう各少々をあえる。

洋風の煮込み料理に合わせると、
煮汁まで美味！

クスクス

クスクス½カップに塩少々、熱湯120㎖、バター小さじ1を入れてまぜる。ラップをし、電子レンジで3分加熱して手早くまぜる。

Part

5

くり返し作りたい、
世界の代表的な煮込み料理
王道の煮込み

ポトフ、クリームシチュー、ロールキャベツなどの洋風煮込みをはじめ、
おでんや煮物など和風の定番煮込み、バターチキンカレーや
チリコンカンなどのエスニック煮込みを加えて
クラシックなレシピでご紹介します。

南フランスの代表的な野菜料理。 野菜は存在感のある大きさに切り、
火の通りにくいものからいためるのがコツ!　温でも冷でも美味

ラタトゥイユ

材料［4人分］

なす … 2個

ズッキーニ … 1本

パプリカ（赤、黄）… 各1個

玉ねぎ … 1個

にんにく … 1かけ

オリーブ油 … 大さじ3

トマトピュレ … 1カップ

タイム … 5～6本

塩 … 少々

作り方

1　なす、ズッキーニは1cm厚さの輪切りに、パプリカ、玉
　　ねぎは乱切りにし、にんにくは芯をとってつぶす（a）。

2　なべにオリーブ油大さじ2とにんにくを入れて弱火でい
　　ため、香りが立ったら玉ねぎとタイムを加え、玉ねぎが
　　透き通るまでいためる（b）。

3　ズッキーニ、パプリカ、なす、オリーブ油大さじ1を順
　　に加え、そのつど全体に油が回るまでいためる。トマト
　　ピュレを加えて（c）いため、ふたをして、途中2～3回
　　まぜながら20分ほど煮る。

4　塩で味をととのえ、完全に冷めたら冷蔵庫で冷やす。
　　＊冷蔵庫で4～5日間ほど保存できる。

POINT

野菜は、火の通りを考えて同じ大きさ
に切りそろえる。

玉ねぎが透き通ったら、次の野菜を加
えるタイミング。

すべての野菜に油が回ったら、トマト
ピュレを加えて煮込む。

トマトピュレを使うこと
で驚くほど濃厚でとろけ
る味わいに。

食材
MEMO

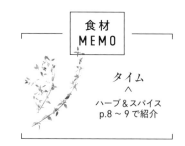

タイム
∧
ハーブ＆スパイス
p.8～9で紹介

肉、野菜をことことじっくり煮込んで作る
フランスの農家の家庭料理。日本のおでんのような存在

ポトフ

材料［4人分］

牛すねかたまり肉 … 1kg	クローブ … 2本
じゃがいも … 2個	ブーケガルニ … 1個
にんじん … 2〜3本	｜ 塩 … 小さじ1
セロリ … 1本	Ⓐ 粒白こしょう、コリアン
玉ねぎ … 1個	｜ ダーシード（あれば）
かぶ … 2個	｜ 　… 各10粒
キャベツ … ⅛個	

＊じゃがいもはメークインが、玉ねぎ、かぶは大きすぎないものがおすすめ。にんじんも細めで小さいものがあれば◎。

食材 MEMO

メークイン

粘質で舌ざわりがよい。煮くずれしにくいので、シチューやカレー、おでんなどの煮込みに向く。

ハーブ＆スパイス
p.8〜9で紹介

コリアンダー
シード　　　クローブ　　　ブーケガルニ

作り方

1 牛肉はたこ糸でしばる（**a**、**b**、**c**）。

2 なべに水2ℓ、1、ブーケガルニを入れ（**d**）、強火にかける。煮立ったらふつふつする程度にまで火を弱め、ふたをしてときどきアクをすくいながら1時間ほど煮る（牛肉はアクが多いので、ていねいにアクをとり除くことでスープがクリアに仕上がる）。

3 じゃがいもはたっぷりの水にさらす（じゃがいものでんぷんがとり除かれ、煮くずれしにくく、スープも濁らない）。かぶは薄めに皮をむき（薄めにむくと煮くずれしにくい）、茎ごと半分に切る。玉ねぎはクローブを2本刺す（**e**）。セロリは筋をとって10cm長さに切る。にんじんは好みで皮つきのまま使う。キャベツは半分に切る（**f**）。

4 2のブーケガルニをとり出し、**A**、キャベツ以外の野菜を加え、30分ほど煮る。キャベツを加えてふたをし、15分ほど煮る（強く煮立てると野菜がくずれるので、ふつふつとした火かげんを守るよう注意）。

5 牛肉はとり出して食べやすい大きさに切り分け、野菜とともに器に盛る。好みで塩、こしょう、オリーブ油、粒マスタードをつけて食べる。

POINT

ⓐ 牛肉の端から1.5cmのところにたこ糸を1周ぐるりと巻きはじめ、約3cm間隔で糸がけをする。

ⓑ 糸は、強くしばりすぎないことがポイント。

ⓒ 糸がけすることで、やわらかく煮ても煮くずれを防ぐことができる。

ⓓ ブーケガルニはなべの持ち手に結ぶととり出しやすい。

ⓔ あとでとり出しやすいように、クローブは玉ねぎにさす。

ⓕ 野菜は全体にゴロゴロと大きめに揃え、やわらかく煮る。

鶏肉は好みのものでOKですが、
だしがよく出るので骨つきがおすすめ。
手づくりならではのやさしい味わいのクリームシチュー

鶏肉のクリームシチュー

材料［4人分］

鶏手羽元 … 8本
玉ねぎ … 1個
じゃがいも … 300g
にんじん … 1本
マッシュルーム … 1パック（6個）
バター … 大さじ4
白ワイン、生クリーム … 各¼カップ
薄力粉 … 大さじ2
ローリエ … 1枚
牛乳 … ½カップ
塩 … 小さじ1
こしょう … 少々
パセリ（葉はみじん切りに、茎はとっておく）… 1本分

作り方

1　鶏肉は骨に沿って切り込みを入れる。玉ねぎは2cm四方に切る。じゃがいもは1cm厚さの半月切りにし、たっぷりの水にさらす（じゃがいものでんぷんがとり除かれ、煮くずれしにくい）。にんじんは5mm厚さの輪切り、マッシュルームは薄切りにする。

2　深なべを弱火にかけてバター大さじ1をとかし、玉ねぎをいためる。玉ねぎがしんなりしたら白ワインを加え、ひと煮立ちさせる。

3　水1ℓ、鶏肉、ローリエ、じゃがいも、にんじん、マッシュルーム、パセリの茎を加えて中火にする。煮立ったらアクをすくって弱火にし、ふたをして30分ほど煮る。パセリの茎をとり除く。

4　別のなべに残りのバターをとかし、薄力粉を入れていため(a)、牛乳を少しずつ加え、泡立て器でまぜながらのばす(b)。3の煮汁を1カップとり分け、少しずつ加えてときのばす。

5　3に4を加えてまぜ、煮立ったら生クリームを加えて火を止め、塩、こしょうで味をととのえる。

バターと薄力粉をしっかりいためるのが、ホワイトソースのコツ。

絶えずまぜながら牛乳を少しずつ加えてのばすとダマにならない。

好みで仕上げにパセリのみじん切りを振って。おうちに帰りたくなるあたたかシチュー。

シンプルなミルフィーユなべは不動の人気。
豚肉といっしょにしいたけをはさむとぐんと味わいが深まります

豚肉と白菜の
ミルフィーユ蒸し煮

材料［4人分］

豚バラ薄切り肉 … 300g
白菜 … ¼個（700g）
しいたけ … 4個
しょうがの薄切り … 4枚
A ┃ 和風だし … 2カップ
　┃ 酒 … ½カップ
　┃ 塩 … 小さじ1〜2
　┃ こしょう … 少々

作り方

1　しいたけは石づきを落とし、薄切りにする。

2　白菜の葉の間に、豚肉、しいたけを均等には
　　さみ（a、b）、なべの深さに合わせて切る。

3　なべに2を立ててぎゅっと詰め（c）、Aを注い
　　でしょうがを散らし、ふたをして火にかける。
　　煮立ったら火を弱め、20分ほど煮る。

POINT

芯を切り離さないので、葉がずれにく
く、豚肉などをはさみやすい。

白菜の葉の枚数に合わせて、豚肉とし
いたけを均等にはさむ。

煮ると寄ってしまうので、ぎゅっと詰
めて入れる。

インドカレー店の人気メニューも実は身近な食材で気軽に作れます。
ナンはもちろん、クミンライスやバターライスと合わせても

バターチキンカレー

材料［4人分］

鶏もも肉 … 大1枚（350g）

玉ねぎ … 2個

ひよこ豆の水煮缶
　… ½缶（正味110g・缶汁はとっておく）

　┌　カシューナッツ（ローストしたもの）… 80g
A　　プレーンヨーグルト … 1カップ
　└　トマト缶 … 1カップ

しょうがのすりおろし … 大さじ2

にんにくのすりおろし … 2かけ分

カレー粉 … 大さじ2～3

塩 … 小さじ2

あらびき黒こしょう … 少々

バター… 30g

油 … 大さじ3

作り方

1　玉ねぎは四つ割りにしてから繊維を断つように薄切りにする。鶏肉は余分な脂をとり除き、6～8等分に切る。

2　厚手のなべに油を入れ、玉ねぎを弱火でいためる。焦がさないよう、まぜながらあめ色になるまで30～40分いためる（a）。

3　A、ひよこ豆の缶汁（水でもよい）1カップをミキサーにかけてペースト状にする。

4　2のなべにしょうがとにんにくを加えていため、香りが立ったらカレー粉を加え、まんべんなくまぜながらいためる。3と鶏肉、ひよこ豆を加え、まぜながら弱火で30分ほど煮る（底が焦げやすいので、火かげんに気をつけ、こまめにまぜる）。

5　塩、こしょうで味をととのえ、バターを加えてとかす。好みであらびき黒こしょうを振る。

食材
MEMO

ひよこ豆

西アジア原産の豆。クセがないので、スープ、煮込み、サラダなどの料理に使われる。スペイン語のガルバンゾでもなじみがある。

POINT

a

玉ねぎのいためかげんがおいしさの秘密。30～40分じっくりと焦がさずにいため、あめ色に。

ナンは冷蔵や冷凍食品がスーパーなどで出回っている。

ベースはトマト仕立てに。
キャベツとお肉をたっぷり食べられる満足度の高いメニュー

ロールキャベツ

材料［4人分］

キャベツの葉 … 大8枚
合いびき肉 … 300g
玉ねぎのみじん切り … ½個分
卵（S玉）… 1個
パン粉 … ½カップ
ナツメグ … 少々
塩 … 小さじ1
こしょう … 少々
油（またはオリーブ油）… 大さじ1

Ⓐ
チキンブイヨン … 1カップ
トマト缶 … ½缶（200g）
塩、こしょう … 各少々
ローリエ … 1枚
ベーコン … 2枚

作り方

1 キャベツの葉は塩ゆでしてから、軸はV字に切りとって薄切りにする。ベーコンは8等分に切る。トマトは手でつぶす。

2 油小さじ1を熱したフライパンで玉ねぎをしんなりするまでいためて冷まし、ひき肉、卵、パン粉、ナツメグ、塩、こしょうと、**1**のキャベツの軸を合わせてねりまぜ、4等分する。

3 キャベツの葉を1枚広げて肉だねをおいて巻き（**a**、**b**）、もう1枚を重ねて巻く（**c**）。

4 なべに油小さじ2を熱し、**3**を転がしながら全体に焼き色をつける（**d**）。

5 **A**を加え、ふたをして30分ほど煮る。

食材
MEMO

ナツメグ

〈 ハーブ＆スパイス
p.8 ～ 9で紹介

POINT

ⓐ キャベツ1枚を広げ、手前に肉だねをのせる。

ⓑ 肉だねを芯にして巻き始める。

ⓒ もう一度キャベツにのせて同様に包む。2枚重ねることで、破けにくい。

ⓓ 巻いたキャベツが動かないように、ぴったりのなべに入れる。

イタリアンのトマト煮の鉄板。
いわしは売り場でさばいてもらうと手軽に調理できます

いわしのトマト煮

材料［4人分］

いわし（下処理ずみ）… 4尾（300g）
＊うろこ、頭、内臓をとったもの。

松の実、レーズン … 各大さじ1
塩、こしょう … 各少々
薄力粉 … 大さじ3
オリーブ油（または好みの油）… 大さじ2⅓

〈トマトソース〉

玉ねぎ … 小1個
にんにく … 小1かけ
赤とうがらし … ½本
トマト … 2個（340g、またはトマト缶½缶）
白ワイン … 大さじ3
塩、こしょう … 各少々

ショートパスタとからめても絶品。もちろん、ライスやパン、お酒との相性も◎。

作り方

1 いわしは両面に塩、こしょうし、薄力粉を薄くつける。フッ素樹脂加工のフライパンにオリーブ油小さじ1を熱し、いわしを焼く。両面がきつね色になるまで焼き（a）、とり出す。

2 トマトソースを作る。玉ねぎは繊維に沿って薄切りにする。にんにくは半分に切って、芯をとり除き、つぶす。赤とうがらしは種をとり除く。トマトはへたをとってざく切りにする。

3 1のフライパンをさっと洗い、残りのオリーブ油を弱火で熱し、にんにくと赤とうがらしを入れていためる。にんにくがきつね色になって香りが立ったら、玉ねぎを加えてしんなりするまでいためる。

4 白ワイン、トマトを加えて中火にし、煮立ったら弱火にし、ふたをして5分ほど煮る。塩、こしょうで味をととのえる。

5 いわしと松の実、レーズンを加え、トマトソースをかけて10分ほど煮る。好みでオレガノを散らす。

POINT

いわしは煮ているときに身がくずれないように、両面をしっかり焼きつける。

ストックすると便利。万能トマトソース

ペンネなどのパスタとあえてもおいしい。ほかに、ハンバーグや、豚肉、白身魚を焼いて添えたり、オムレツにかけても。

甘くやさしい味わいのほっこり系煮込み。
翌日も味を含んでますますおいしさが増します

手羽と卵の煮物

材料［4人分］

鶏手羽先 … 10本
ゆで卵 … 4個
長ねぎ（青いところ）… 1本分
しょうが … 1かけ
紹興酒（または酒）… 大さじ1
ごま油 … 小さじ2

Ⓐ
中華ブイヨン … 3カップ
紹興酒（または酒）… 大さじ2
砂糖 … 大さじ2
しょうゆ … 大さじ2.5
八角（あれば）… 1個

小松菜 … 2株

盛りつけるときは卵を縦半分に切ると
華やかで食べやすい。

作り方

1 長ねぎは3cm長さに切る。しょうがは皮つきのまま5mm
厚さに切る。鶏手羽は先を切り分け（**a**）、太いほうは骨
の間に切り込みを入れる（**b**）。なべにたっぷりの湯を沸
かし、全体が白っぽくなるまで下ゆでする。湯をきり、
紹興酒をまぶす。

2 なべにごま油を熱し、鶏手羽の表面に焼き色がつくまで
焼く。

3 Ⓐとゆで卵、長ねぎ、しょうがを入れ、キッチンペーパ
ーで落としぶたをし、さらにふたをして20分ほど煮る。

4 器に盛り、塩ゆでして4cm長さに切った小松菜を添える。

POINT

鶏手羽は先を切り落とす。骨と骨の間
に包丁を入れると切りやすい。

切り込みを入れることで、味がしみ込
みやすくなる。

┌─ 食材 ─┐
│ MEMO │
└────┘

八角

果実を乾燥させたもので、
アニスやういきょうに似た、
甘い香りが特徴。中国料理
によく使われる。

日本の昔ながらの煮込みの代表。
具は好みのものを加えてもOKです

おでん

材料［4人分］

大根 … ½本（450g）

じゃがいも … 2個

油揚げ … 2枚

もち … 4個

さつま揚げ … 4個

ちくわ … 2本

ちくわぶ … 1本

結びしらたき … 8玉

ゆで卵 … 4個

結びこぶ … 4個

A
| 和風だし … 7カップ
| 薄口しょうゆ … 大さじ3
| 酒、みりん … 各大さじ2
| 塩 … 小さじ1弱

作り方

1 じゃがいもはたっぷりの水に1時間さらす。大根は1.5cm厚さの輪切りにして厚めに皮をむき、放射状に深さ1cmの切り込みを入れ（a）、あれば米のとぎ汁（なければ水でOK）で下ゆでしてくさみをとる。

2 油揚げは半分に切って開いて袋状にし、半分に切ったもちを入れてようじで口をとめる。ちくわ、ちくわぶは食べやすい大きさに切る。

3 なべにAを煮立て、材料をすべて入れ、ふたをして30分ほど煮る。

4 器に盛り、好みでねりがらしを添える。

切り込みを入れると味がしみ込みやすくなる。切り込みは1cm深さが目安。

2日目以降がますます味がしみ込んでおいしい。

お肉のうまみたっぷりのチリビーンズ。
多めに作って洋風の常備菜にすれば
主菜、副菜、つけ合わせにと楽しめます

チリコンカン

材料［4人分］

キドニービーンズの水煮 … 1パック（総量380g）

玉ねぎのみじん切り … 1個分

にんにくのみじん切り … 小さじ2

牛ひき肉 … 250g

トマトペースト … 大さじ2

オリーブ油 … 大さじ2

トマト缶 … 1缶（400g）

Ⓐ
- 砂糖 … 小さじ1
- ローリエ … 1枚
- チリパウダー … 小さじ½
- クミンシード … 小さじ1
- 塩 … 小さじ1
- あらびき黒こしょう … 少々

作り方

1 なべにオリーブ油を熱し、玉ねぎ、にんにくをいためる。しんなりしたらひき肉を加え、しっかりいためる。トマトペーストも加えていためる。

2 トマトは手でつぶしながら加え、Ⓐ、キドニービーンズを汁ごと加え、煮立ったら火を弱め、ふたをして3〜4回まぜながら、30分ほど煮る。

食材 MEMO

キドニービーンズ

いんげん豆の一種。日本の金時豆より煮くずれしにくく、煮込み料理によく用いる。

トマトペースト

トマトを裏ごしして濃縮したもの。スープや煮込み料理に入れるとコクが出る。ピュレよりも味が濃い。

ハーブ＆スパイス
p.8〜9で紹介
∨

チリパウダー　　クミンシード

多種のスパイス使いで、やみつきになる味わい。アツアツに、チーズをまぜても！

ハレの日には
煮込み料理がおすすめ

前日に仕込むことができて、 なんと言っても豪華に見えるので
おもてなしには煮込み料理をとり入れてみましょう。
食器やグラスの使い方ひとつで、 さらに素敵なテーブルになります。

煮込みとワイン

肉がメインの煮込みには赤ワイン、魚介が
メインの煮込みには白ワインを。スパイシ
ーな味つけには、ロゼやビールも合います。

煮込みと酒

手羽と卵の煮物(p.104)などの和風の煮込
み料理には、日本酒や焼酎、ビールがよく
合います。

テーブルセットのイメージ

| 洋 |

皿とカトラリー、紙ナプキン、ワイングラ
スを用意して!

テーブルセットのイメージ

| 和 |

皿にナプキン、グラス、お箸をセットしま
す。

Part

6

前日仕込みOK
1品作れば豪華になる

ごちそう煮込み

ごちそうの日のテーブルに。かたまり肉や一尾魚を買って
なべごとドーンと出したい煮込み料理をご紹介します。
1品作るだけで歓声があがる存在感を発揮してくれるはず。

ビーツを使ったロシアの伝統料理。
一度食べたらクセになる煮込みです。
ビーツは下処理がたいへんですが、缶詰を使えば簡単

ボルシチ

材料［4〜5人分］

牛すね肉（シチュー用）… 500g
塩、こしょう … 各少々
ビーツの水煮（缶詰・スライス）
　　… 1缶（総量400g）
玉ねぎ … 中2個
にんじん … 小1本
じゃがいも … 中2個
キャベツの葉 … 大2枚

にんにく … 2かけ
トマト缶 … ½缶（200g）
ローリエ … 2枚
Ⓐ 白ワイン … ½カップ
　　塩、砂糖 … 各小さじ1
油 … 大さじ2
サワークリーム … 適量

作り方

1　牛肉は一口大に切り、塩、こしょうをする。

2　なべに牛肉とローリエを入れ、ひたひたの水（約350㎖）を入れてふたをして火にかける（a）。煮立ったらアクをすくって弱火にし、40分ほど煮る。途中、アクが出たらすくう。

3　ビーツは大きいものは一口大に切り、缶汁はとっておく。トマトは手でつぶす。玉ねぎとにんじんはあらみじんに切り、にんにくは半分に切って芯を除く。キャベツは3cm四方に切る。じゃがいもは半分に切ってたっぷりの水にさらす。

4　別のなべに油とにんにくを入れて熱し、香りが立ったら玉ねぎとにんじんがしんなりするまで、弱火でじっくりと20分ほどいためる。

5　2の煮汁300㎖、トマト（缶汁ごと）、水けをきったじゃがいも、Ⓐを加えて強火で煮立て、牛肉とビーツ、ビーツの缶汁を加えて中火にし、再び煮立ったらアクをすくう。弱火にしてふたをし、ときどきアクをすくいながら1時間ほど煮る。

6　キャベツを加え、しんなりするまで煮る。器に盛り、サワークリームを添える。

＊圧力なべの場合は、作り方2と5の行程で、圧力がかかったら弱火にし、20分加圧する。

POINT

牛肉はローリエを入れた湯で下ゆでする。ゆでた汁は使うので捨てないこと。

112

とろとろとほどけるおいしさまで
煮込んでほしい、ごちそう和食。
圧力なべを使うと短時間で仕上がります

豚の角煮

材料［4人分］

豚バラかたまり肉 … 600g
長ねぎ（青い部分）… 1本分
しょうがの輪切り … 3枚

(A) ┃ 酒、しょうゆ … 各大さじ5
    砂糖 … 大さじ3
    ┃ みりん … 大さじ2

うずら卵の水煮 … 12個
長ねぎ（白い部分）… 1本
八角 … 1個

作り方

1 豚肉は3cm幅に切り、手でちぎった長ねぎの
  青い部分、しょうが、ひたひたの水を加え、
  ふたをして強火にかける。煮立ったら中火に
  し、アクをすくい、20分ゆでる。
  ＊圧力なべの場合は、圧力がかかったら弱火にし、10分加圧する。

2 長ねぎ（白い部分）は4cm長さに切り、飾り用
  に少々とり分け、しらがねぎにする。

3 豚肉はとり出してさっと水洗いし、ゆで汁を
  捨て、なべをさっと洗って豚肉、A、水2カ
  ップ、うずら卵、2の長ねぎ、八角を入れて
  火にかける。煮立ったら弱火にして30〜40
  分煮る。
  ＊圧力なべの場合は、15分加圧する。

4 具をとり出し、好みで煮汁を煮詰める。器に
  盛り、しらがねぎを添える。

あれば、
圧力なべを使うと
手早くやわらか♪

ごちそう煮込み

赤ワインをきかせた、ビーフをしっかり味わえるシチュー。
どこかなつかしく、誰もに愛される存在感のある１品

ビーフシチュー

材料 [4〜5人分]

牛すね肉 (シチュー用) … 500g

小玉ねぎ … 8個

玉ねぎのみじん切り … 1個分

にんじん … ½本 (100g)

じゃがいも … 小4個

マッシュルーム … 6個

塩 … 少々

薄力粉 … 大さじ3

トマトピュレ … ½カップ

赤ワイン … 1カップ

Ⓐ
　赤ワイン … 1カップ
　デミグラスソース缶 … ½缶 (150g)
　チキンブイヨン … 2.5カップ
　塩、こしょう … 各少々
　ローリエ … 1枚

油 (またはオリーブ油) … 大さじ4

塩ゆでしたグリーンピース … 大さじ4

作り方

1 牛肉は大きめの一口大に切り、塩をして15分おき、水けをふいて薄力粉を薄くまぶす。

2 なべに油大さじ1を熱し、玉ねぎをしんなりするまでいためる。

3 フライパンに油大さじ1を強火で熱し、牛肉を入れて全面に焼き色をつけ (**a**)、トマトピュレを加えてからめ、**2** に加える (**b**)。

4 **3**のフライパンに赤ワインを入れて煮立たせ (**c**)、フライパンのこびりつきを木べらでこそげるようにして、なべに加える。

5 なべに**A**を加えて火にかけ、煮立ったら弱火にし、ふたをして1時間〜 1時間30分煮る。
＊圧力なべの場合は、20分加圧する。

6 にんじん、じゃがいもは4cm長さに食べやすく切り、できたら面取りをする (面取りをすると煮くずれしにくく、きれいに仕上がる)。じゃがいもはたっぷりの水に1時間さらす。小玉ねぎは薄皮をむき、マッシュルームは半分に切る。

7 **4**のフライパンをさっと洗い、残りの油を熱し、**6**の野菜をさっといため、**5**に加えて20分ほど煮る。器に盛り、グリーンピースを散らす。

食材
MEMO

デミグラス
ソース缶

小麦粉をバターでいため、牛の肉と骨や野菜を煮込んだもの。缶詰の市販品が手軽でおすすめ。

トマトピュレ

トマトを煮込み、裏ごしして煮詰めたもの。さらに濃縮したものがトマトペースト。

POINT

牛肉の表面に焼き色をつけることで、肉汁をのがさずジューシーに仕上がる。

焼き色がついた牛肉は、玉ねぎなどとじっくりと煮込む。

フライパンに残っている牛肉のうまみを赤ワインでのがさない。

1尾魚に抵抗がある人も、
なべに入れて豪快にグツグツ煮込んでほしい、
豪華なのに案外手軽に作れるメニュー

アクアパッツァ

材料［4人分］

たい（頭から尾の先まで
　25〜30cm・うろこ、頭、
　内臓をとったもの）
　… 1尾（400g）
塩 … 少々
あさり（砂出ししたもの）
　… 15個（150g）
ミニトマト … 8個
オリーブ（黒、緑）… 各8個
ケイパー … 大さじ1
ドライトマト（オイル漬け）… 2枚
アンチョビー（フィレ）… 2枚
オリーブ油 … 大さじ1
イタリアンパセリ … 2枝

作り方

1　たいは皮目に3カ所ずつ切り目を、両面に入れる（**a**）。魚の表面と腹の中にも軽く塩をする。

2　ミニトマトは半分に切る。ドライトマトはあらみじんに切る。アンチョビーもあらく刻む。

3　なべを火にかけてオリーブ油を熱し、たいを焼き色がつくまで両面焼く（**b**）。

4　あさり、ミニトマト、オリーブ、ケイパー、ドライトマト、水1.5カップを加える。煮立ったらアンチョビーを加え、煮汁をかけながら10〜15分煮る。

5　イタリアンパセリを添え、オリーブ油小さじ2（分量外）をかける。

POINT

たいに3カ所ずつ切り目を入れると、煮汁を吸ってよりおいしく。

煮る前にたいの皮目を両面香ばしくオリーブ油で焼く。

ホロりとやわらかく煮えたスペアリブはやみつきに。
お酒にもごはんにもぴったりのボリューム感のある煮込み

豚スペアリブの
オイスター煮

材料［4人分］

豚スペアリブ … 小8本
紹興酒（または酒）… 小さじ2
Ⓐ 紹興酒（または酒）、しょうゆ … 各大さじ1
たけのこ（水煮）… 小1本
しいたけ … 4個
長ねぎ … ½本分
中華ブイヨン … 2.5カップ
┃ オイスターソース、
┃ 紹興酒、砂糖 … 各大さじ1
Ⓑ しょうゆ … 大さじ2
┃ こしょう … 少々
┃ 陳皮（あれば）… 1枚
油 … 大さじ2

作り方

1　なべにたっぷりの湯を沸かし、紹興酒と豚肉を入れて下
　　ゆでする。豚肉が白くなったら（a）、とり出して湯をよ
　　くきる。Aをまぶして（b）室温に15分おく。

2　たけのこは穂先を6〜8等分のくし形に、根元は1cm厚
　　さの半月切りにする。しいたけは軸をとり、放射状に4
　　〜6等分に切る。長ねぎは4cm長さに切る。

3　なべを火にかけて油大さじ1を熱し、豚肉を焼く。表面
　　に焼き色がついたら（c）とり出す。

4　なべに残りの油を足し、強火で長ねぎをいためる。ブイ
　　ヨンを加え、煮立ったら豚肉と残りの野菜を加える。再
　　び煮立ったらBを加え、中火で10〜15分煮る。油小さ
　　じ1〜2を回しかけ、火を止める。

食材
MEMO

オイスターソース

カキを原料とした調味料で、独特の風味とうまみ、コクがある。中国料理によく用いられる。

陳皮

熟したマンダリンオレンジの皮を干したもの。日本では温州みかんで代用していることが多い。

POINT

ⓐ

豚肉は紹興酒を入れて下ゆですることで、くさみをとる。

ⓑ

下ゆでしているから、下味がよくなじむ。

ⓒ

豚肉は焼き色をつけると、香ばしく仕上がる。

甘辛くとろとろに煮えたスペアリブは食欲をかき立てます。

材料［直径21cmのタジンなべ1台分］

鶏胸肉 … 2枚（500g）

A
- 玉ねぎのすりおろし … ½個分
- にんにく … 1かけ
- しょうがのすりおろし … 大さじ1
- 香菜のあらいみじん切り
  （葉、茎ともに使用）… 1株分
- レモンのしぼり汁 … 小さじ2
- あら塩（または塩）… 大さじ½
- あらびき黒こしょう … 少々

玉ねぎ … 1個

無農薬レモン … 1個

オリーブ（緑、黒）… 各4個

オリーブ油 … 大さじ2⅔

香菜の葉（好みでOK）… 1株分

作り方

1 鶏肉は斜めに4～6枚のそぎ切りにする。玉ねぎは2cm厚さの
くし形に切る。にんにくは半分に切って芯をとり、つぶす。レ
モンは½個分を輪切りに、残りは皮と種をとり除いて、あら
いみじん切りにする。

2 ボウルに鶏肉、Aを入れて手でよくもみ込む(a)。保存袋に入
れ、空気を抜くようにして(b)冷蔵庫で30分マリネする。

3 なべにオリーブ油大さじ2をひき、2をつけ汁ごと入れ、水½
カップ、玉ねぎ、オリーブ、レモンの輪切りとあらいみじん切
りを加えてふたをする。煮立ったら弱火にし、鶏肉がやわらか
くなるまで15分ほど煮る。残りのオリーブ油を回しかけ、香
菜の葉と、あればアリッサを添える。

クスクスと合わせるとモロッコ風に。
レモンと鶏だしがしみ込んで二度おい
しい。

クスクス（p.88参照）を
好みで合わせると、
煮汁までおいしく味わえる

POINT

鶏肉と玉ねぎに下味をつける。味がな
じむよう、手でもみ込む。

下味がよくなじむように、空気を抜く。
保存袋を使うと、空気が抜きやすい。

┌─────────┐
│ 食材   │
│ MEMO   │
└─────────┘

アリッサ

生とうがらしを蒸して油を
加えペーストにしたもの。
タジンなべ料理やクスクス
に欠かせない。

レモンのコクとさわやかさが鶏肉とぴったり。
家庭ではタジンなべがなくても、おいしく仕上がります

鶏とレモンのタジン

ほんのり甘く仕上げた和風煮込み。
ことこと煮込むか圧力なべを使ってやわらかく仕上げて

牛すじと大根の煮込み

材料［4人分］

牛すじ肉 … 500g

大根 … 8cm（250g）

焼きどうふ … 1パック（250g）

ししとうがらし … 8本

長ねぎ（青い部分）… 1本分

しょうが … ½かけ

糸こんにゃく（太め）… 200g

	長ねぎのみじん切り … 15cm分
	しょうゆ … 大さじ5
	ごま油 … 大さじ2
Ⓐ	砂糖、みりん … 各大さじ1
	にんにくのすりおろし … 小さじ1
	こしょう … 少々

酒 … 大さじ2

塩 … 少々

作り方

1　牛肉は大きければ一口大に切る（切りづらかったら、下ゆでしてから切ると切りやすい）。大根は1cm厚さに切り、いちょう切りにする。焼きどうふは8等分に切る。長ねぎは5cm長さに、しょうがは皮つきのまま5mm厚さに切る。

2　なべに牛肉、長ねぎ、しょうが、酒、塩、ひたひたの水を入れ、火にかける(ⓐ)。煮立ったらアクをすくい、火を弱めてふたをして2時間ほど煮て下ゆでする。
　＊圧力なべの場合は、15分加圧する。

3　牛肉をとり出してゆで汁を捨て、なべをさっと洗い、牛肉、大根、糸こんにゃく、焼きどうふ、ひたひたの水、**Ⓐ**を入れて30分ほど煮る。
　＊圧力なべの場合は、15分加圧する。

4　ししとうを加え、5分煮る。

5　器に盛り、好みで糸とうがらしを添える。

食材 MEMO

牛すじ

アキレス腱のことで円柱状をしている。脂身が少なく、コラーゲンが豊富。長時間煮込むとよりやわらかくなり、くさみが消える。

糸とうがらし

赤とうがらしを乾燥させて細く糸状に切ったもの。飾りに用いることが多い。

POINT

下ゆでしてからじっくりと煮ると、くさみがなくなり、やわらかく仕上がる。

ギュギュッとうまみのつまったミートボールをクリームで煮、
ジャムとマッシュポテトで食べるのが北欧風

北欧風 肉だんごの
クリーム煮

材料［4人分］

合いびき肉 … 400g
卵 … 1個
玉ねぎのみじん切り … ½個分
ディルのみじん切り … 大さじ2
牛乳 … ¼カップ
パン粉 … ½カップ（30g）
白ワイン … 大さじ2
チキンブイヨン … 1.5カップ
生クリーム … ½カップ
バター … 大さじ2

薄力粉 … 大さじ5
塩 … 小さじ½
こしょう、ナツメグ … 各少々
Ⓐ 塩、こしょう … 各少々
油（またはオリーブ油）… 大さじ2
こけももジャム（または好みのベリー系のジャム）… 適量
マッシュポテト（下記参照）… 適量

肉汁したたるミートボールにポテトとジャムをからめたマリアージュがたまらない。

作り方

1 牛乳とパン粉をまぜる。

2 フライパンに油大さじ1を熱して玉ねぎを入れ、しんなりするまでいためて冷ます。

3 ボウルにひき肉、卵、1、2、塩、こしょう、ナツメグを入れてねりまぜる。ディルを加えて16等分にし、だんご状に丸め、薄力粉大さじ3を薄くまぶす。

4 フライパンをさっと洗い、残りの油を入れて火にかけ、3を転がしながら焼いて焼き色をつけ(a)、とり出す。

5 なべにバターをとかし、残りの薄力粉を加えていため、白ワインを入れて煮立たせる。ブイヨンを加え、煮立ったら生クリームを加え、Ⓐで調味する。肉だんごを入れてからめるようにして10分ほど煮る。

6 器に盛り、こけももジャム、マッシュポテトを添え、好みでディル（分量外）を飾る。

食材 MEMO

こけももジャム

北欧に自生するこけもも（別名リンゴンベリー）。肉料理とも相性がよい。なければ、ベリー系のジャムを使って。

 マッシュポテトの作り方

材料［作りやすい分量］

じゃがいも … 大2個
Ⓐ ┌ 牛乳 … ½カップ
  │ 生クリーム … ¼カップ
  │ 塩、こしょう … 各少々
  └ バター … 30g

作り方

じゃがいもは皮つきのまま、15分ほど蒸し、熱いうちに皮をむき、手早くざるで裏ごししてⒶを加えまぜる。好みで牛乳を加え、かたさを調整しても。

POINT

肉だんごは転がしながら、焼きつけて肉汁をとじ込める。

トマトとチーズを重ねたカプレーゼ風のスープ煮。
しょうが焼き用の豚肉がごちそうに仕上がります

豚とトマト、モッツァレラの 重ね煮

材料［4人分］

豚ロース肉（しょうが焼き用）… 12枚（380g）
トマト … 2個
モッツァレラチーズ … 2個（200g）
バジル … 12枚
チキンブイヨン … 1カップ
オリーブ油 … 大さじ1
塩、こしょう … 各少々

作り方

1　豚肉は包丁の先ですじを切る（a）。トマトは12枚の輪切りにする。モッツァレラチーズは12枚の輪切りにする。

2　チキンブイヨンはあたためる。

3　なべにオリーブ油をひき、豚肉4枚を並べて軽く塩、こしょうをする。モッツァレラチーズ、トマト、バジルを1枚ずつ重ねる。これを2回くり返す（b）。いちばん上のバジルは煮たあとにのせると彩りがよい。

4　チキンブイヨンを加え、ふたをして火にかける。煮立ったら少し火を弱めて10分ほど煮る。

食材
MEMO

モッツァレラチーズ

味も香りもクセのないフレッシュチーズ。弾力のある独特の歯ごたえが特徴。

POINT

豚肉のすじは包丁で切っておくと、舌ざわりがよくなる。

豚肉、モッツァレラ、トマト、バジルを順に重ねる。豚肉はきれいに広げる。

チーズのとけ出したスープを、パンにしみ込ませて。ワインとの相性もぴったり。

オイル煮の定番といえば、アヒージョ。
ワインのおともに、おしゃべりのすすむバルつまみ

アヒージョ2種

（ほたて、ミニトマト、チョリソーのアヒージョ
えび、ズッキーニ、マッシュルームのアヒージョ）

えび、ズッキーニ、マッシュルームのアヒージョ

材料［4人分］

えび … 8尾（160g）
ズッキーニ … 小1本
マッシュルーム … 4個
にんにく … 1かけ
赤とうがらし … 1本
ローズマリー … 小1本
オリーブ油 … ½カップ

作り方

1 えびは殻をむき、背に切り込みを入れ
  （a）、背わたをとる。ズッキーニは1cm
  角に切る。マッシュルームは放射状に4
  等分に切る。にんにくは半分に切って芯
  をとり、薄切りにする。赤とうがらしは
  種をとる。

2 なべにオリーブ油、にんにく、赤とうが
  らし、ズッキーニ、えび、マッシュルー
  ム、ローズマリーを入れて弱火で煮る。

3 好みで塩（分量外）をつけながら食べる。

POINT

えびは背に切り込みを入れると、
加熱後に開いて見ばえがよい。

ほたて、ミニトマト、チョリソーのアヒージョ

材料[4人分]

ベビーほたて(蒸したもの
　やゆでたもの)…16個
ミニトマト…8個
チョリソー…2〜3本
にんにく…1かけ
赤とうがらし…1本
タイム…2〜3本
オリーブ油…½カップ

作り方

1 ミニトマトはへたをとる。チョリソーは3cm長さに切る。にんにくは半分に切って芯をとり、薄切りにする。赤とうがらしは種をとる。

2 なべにオリーブ油、にんにく、赤とうがらし、ほたて、チョリソーを入れて弱火にかける。ふつふつしてきたらミニトマトとタイムを加えて煮る。

3 好みで塩(分量外)をつけながら食べる。

Part 7

フルーツの甘みを引き出して

とろりと甘い
スープと煮込み

デザートスープと煮込み。
デザートや朝食にもぴったりです。
たまらなく甘い、
幸せな瞬間をもたらしてくれます。

桃の香りと甘みを存分に。
変色しやすいので、できたてをすぐに味わって

桃のスープ

材料 [4人分]

桃 … 大1個
卵黄 … 2個分
砂糖 … 60g
牛乳 … ⅔カップ
生クリーム … ½カップ
レモンのしぼり汁 … 大さじ1

食材 MEMO

**グレナデン
シロップ**

ざくろの果汁で作った
シロップ。製菓などに
よく使われる。

作り方

1　ボウルに卵黄と砂糖30gをすりまぜる。
　　なべに牛乳と残りの砂糖を入れあたため
　　てとかし、ボウルに加えてまぜる。

2　なべに戻し、弱火で絶えず木べらでまぜ
　　ながらもったりするまで加熱する。ボウ
　　ルに移し、氷水にあてながら冷ます。

3　桃は湯むきし、飾り用に薄く8枚切って
　　とり分け、レモンのしぼり汁少々をまぶ
　　す。残りは乱切りにして2と生クリーム、
　　残りのレモンのしぼり汁とともにミキサ
　　ーにかける。

4　器に盛る。好みでグレナデンシロップを
　　回しかけ、飾り用の桃を添える。

冷やしすぎず、室温くらいでいただくと、
ベリーの香りがきわ立ちます

赤い実のスープ

材料 [4人分]

ミックスベリー (冷凍) … 1パック (200g)
オレンジ … 1個 (270g)
Ⓐ　砂糖 … 大さじ4
　　レモンのしぼり汁 … 大さじ2

食材 MEMO

ミックスベリー

いちご、ラズベリー、ブル
ーベリーなどのベリーの冷
凍が市販されている。

作り方

1　オレンジは皮をすりおろし、実をとり出す。ミ
　　ックスベリーは半解凍にする。飾り用にオレン
　　ジ、ミックスベリーを少しずつとり分ける。

2　1、Ⓐ、冷水½カップをミキサーにかける。

3　器に盛り、飾り用のフルーツを添える。

塩を少しきかせると、かぼちゃの甘さが引き立ちます

かぼちゃとココナッツの
あたたかいスープ

温製

冷製

材料［4人分］

かぼちゃ … 100g

A
┌ ココナッツミルク … 1カップ
│ 牛乳 … ½カップ
│ 砂糖 … 大さじ2〜3
└ 塩 … ふたつまみ

生クリーム … ¼カップ

作り方

1 かぼちゃは皮つきのまま1cm角に切る。

2 なべに**A**とかぼちゃを入れ、少しずらしてふたをし、かぼちゃがやわらかくなるまで弱めの中火で15分ほど煮る。生クリームを加えてまぜる。

栗とラム酒が好相性。
冷たくしてもあたためてもおいしい!!

栗のポタージュ

温製

冷製

食材
MEMO

材料［4人分］

A {
マロンクリーム（缶詰、加糖タイプ）
… 小1缶（250g）
牛乳 … 1¼カップ
生クリーム … 70㎖
ラム酒 … 大さじ1
サワークリーム … 大さじ2
}
シナモンパウダー … 少々
栗の甘露煮（びん詰め）… 4個

作り方

1 サワークリームは室温にもどし、Aのほかの材料とともにミキサーにかける。

2 器に盛り、栗を添え、シナモンパウダーを振る。

マロンクリーム

栗を裏ごしして砂糖やバニラなどを加えたクリーム。栗の風味がたまらない。

ラム酒

さとうきびなどのしぼり汁を原料とした蒸留酒。香りがよく、カクテルなどで飲むほか、ケーキや焼き菓子の風味づけに用いられる。

常備しておきたい、作りおきスイーツ。
好みのフルーツとナッツでどうぞ。

ドライフルーツとナッツの煮込み

温製 冷製

材料［4人分］

砂糖 … 大さじ1〜2
ドライいちじく、ドライアプリコット、
　　ドライプルーン … 各10個
ドライレーズン … 大さじ4
くるみ、アーモンド … 各8粒
シナモンスティック … 1本
ローリエ … 1枚

作り方

なべにすべての材料と水2.5カッ
プを入れ、火にかける。煮立った
ら弱火にし、ふたをして15分ほど
煮る。

食材
MEMO

シナモンスティック
∧
ハーブ＆スパイス
p.8〜9で紹介

お好みのドライフルーツとナッ
ツで楽しんで。ヨーグルトやホ
イップクリームと合わせても。

できたての熱々でも、冷やしてもおいしい！
バニラアイスがよく合います

りんごの白ワインコンポート

材料 ［4人分］

りんご（ふじや紅玉など）

　… 小4個

A {
　砂糖 … 150g
　レモンのしぼり汁 … 1個分
　白ワイン（または赤ワイン）
　　… 1カップ
}

作り方

1　りんごは皮をよく洗い、皮に竹ぐしでところどころ穴をあける（煮くずれしにくくなる）。

2　なべにA、水2.5カップを入れて火にかける。

3　煮立ったら火を弱めてりんごを加え、キッチンペーパーをかぶせて落としぶたにし、少しずらしてふたをし、20分ほど煮る。りんごの上下を入れかえてさらに10分ほど煮る。

あたたかいりんごに、バニラアイスを添えるととろけるおいしさに。

一度覚えて一生使える
絶品ブイヨン＆だし 4種

だしがとれると和食上手に

和風だし

いちばん使いやすい削り節とこぶでとるだしを紹介します。みそ汁に使っても格別に仕上がります。

材料 [作りやすい分量・でき上がり約5カップ]

こぶ (利尻など) … 15g
削り節 … 25g

作り方

1　こぶはなべに入れ、水5カップを注いで30分以上つける(**a**)。火にかけ、沸騰直前にこぶをとり出す(**b**)。

2　水¼カップと削り節を加える(**c**)。削り節が一度沈んでふわりと上がってきたら火を止める(**d**)。

3　アクをすくい、削り節が落ち着くまで15分ほどおく(**e**)。

4　ぬらしてかたくしぼったキッチンペーパーやふきんを敷いてこす(**f**)。
　*キッチンペーパーやふきんを敷いてこすと、透明に仕上がる。

POINT

2番だしのとり方
[作りやすい分量・でき上がり1¼カップ]

1　別のなべに上記の和風だしで使った、だしをとったあとのこぶとかつおぶし、水2.5カップを入れ、30分ほど火にかける。途中、水分量が減ったら、元のかさになるよう水を足す。

2　20分ほど煮たら、削り節をひとつかみ(分量外)を加え、10分ほど煮て、上記と同様にこす。

いちばんおいしくて手軽な、ブイヨン・だしのとり方をお教えします。
本書のレシピは市販のスープのもとでも作れますが、自分でとっただしの味わいは絶品！
無添加で体にとっても安心です。
そのまま飲むのではなく、スープや煮込みに使うので、薄めに仕上げて。

野菜のうまみがやさしい！

野菜ブイヨン
（フォン・ド・レギューム）

さまざまな香味野菜を組み合わせて、だしをとります。
マッシュルームを薄切りにして加えると、
より豊かな風味に仕上がります。

材料［作りやすい分量・でき上がり約4.5カップ］

玉ねぎ … ½個（140g）

にんじん … ¼本（40g）

セロリ … ¼本（30g）

ポワロー（あれば・青いところ）… 3cm（30g）

＊なければ、玉ねぎ45gでもOK。

マッシュルーム … 6個

にんにく … ½かけ

トマト … 小1個

レモンの薄切り … 2枚

ブーケガルニ … 1個

タイム … 2～3本

あら塩 … 小さじ1

粒白こしょう … 10個

作り方

1 玉ねぎ、にんじん、セロリ、ポワローは繊維を断つように薄切りにする。マッシュルームは軸ごと薄切りにする。にんにくは横半分に切って芯を除く。トマトはへたをとって8等分に切り、種を除く（a）。

2 なべに1を入れ、レモン、ブーケガルニ、タイム、水5カップを加えて強火にかける（b）。

3 アクが出たらすくい（c）、弱火にして少しずらしてふたをし（d）、20分ほど煮る。塩、こしょうを加えて10分ほど煮る。

4 ぬらしてかたくしぼったキッチンペーパーやふきんをざるに敷いてこす（e）。

＊キッチンペーパーやふきんを敷いてこすと、透明に仕上がる。

POINT

ひき肉でお手軽ブイヨン

中華ブイヨン
（清湯）

中華料理ではスープやだしのことを湯（タン）といいます。
ひき肉のほか、中華ハムや鶏ガラ、牛肉、
豚肉などでとってもおいしい。

材料 ［作りやすい分量・でき上がり約4カップ］

鶏ももひき肉 … 150g
豚赤身ひき肉 … 100g
長ねぎ（青い部分） … 20g
しょうが … 15g

作り方

1 しょうがは包丁を横にして力を入れてつぶす。

2 なべにほぐしたひき肉と水5カップを入れ、菜箸などでさらにほぐしまぜる（a）。

3 しょうがを加え、長ねぎを手で2〜3等分にちぎって入れる（b）。強火にかけ、ときどきゆっくりまぜながら沸騰直前まであたためる（70〜80度）。

4 ひき肉が表面に浮いてきたら弱火にし、30分ほど煮る。途中、ていねいにアクをすくう（c）。

5 ぬらしてかたくしぼったキッチンペーパーやふきんをざるに敷いてこす（d）。
＊キッチンペーパーやふきんを敷いてこすと、透明に仕上がる。

POINT

だしやブイヨンの保存方法

4種類のブイヨン、だしはどれも冷凍や冷蔵で保存可能です。使いやすい分量に分け、保存袋や保存容器に入れて冷蔵、冷凍します。保存期間の目安は、冷蔵庫で3、4日間、冷凍庫で1週間。

鶏のうまみがたっぷり！

チキンブイヨン

（フォン・ド・ヴォライユ）

本来は鶏ガラで作りますが、鶏手羽を使うと
より手軽に。鶏手羽と香味野菜を一緒に
煮立てて、おいしい鶏のだしをとります。
香味野菜は端っこで十分。

POINT

材料［作りやすい分量・でき上がり約4.5カップ］

鶏手羽 … 10本（600g）
玉ねぎ … ¼個（70g）
にんじん … ¼本（40g）
セロリ … ¼本（30g）
にんにく … 1かけ
ブーケガルニ … 1個
塩 … 小さじ1
粒白こしょう … 10個

作り方

1 鶏手羽は手先を切り離し、内側の骨に沿って
深めの切り込みを入れる（a）。

2 玉ねぎ、にんじん、セロリは繊維を断つよう
に薄切りにする。にんにくは横半分に切って
芯を除く（b）。

3 なべにたっぷりの湯を沸かし、鶏手羽を下ゆ
でする（c）。煮立ったらざるにあけ、汚れな
どを洗い流して水けをきる。
＊下ゆですることでくさみと余分な脂分を除く。

4 3のなべをさっと洗い、鶏手羽と水2ℓを入
れて強火にかける。煮立ったらアクをすくい
（d）、火を弱める。少しずらしてふたをして
（e）30分ほど煮る。塩、こしょう、ブーケガ
ルニ、野菜を加え、さらに20分ほど煮る。

5 ぬらしてかたくしぼったキッチンペーパーや
ふきんをざるに敷いてこす（f）。
＊キッチンペーパーやふきんを敷いてこすと、透明に仕上がる。

食材
MEMO

ブーケガルニ

パセリの茎、タイムやローリエ、セロリ
の茎などを束ねたもので、肉や魚介類
のくさみとりに、煮込み料理でよく使
われる。好みのスパイスを束ねて！

＊だしをとったあとの鶏手羽は、手でさばいてスープの具にしたり、カレーやポテトサラダなどに加えても。

INDEX

料理・指導
渡辺麻紀（わたなべ・まき）

大学在学中より、フランス料理研究家のアシスタントを務める。その後、ル・コルドン・ブルー代官山校に5年間勤務。 フランス、イタリアへの料理留学後、テレビの料理番組などのフードコーディネーターを経て、現在は料理家として、雑誌や企業へのメニュー提案などを手がける。特に、スパイスやハーブを使った料理・菓子が得意。著書に、「キッシュ」「シャルキュトリー」（池田書店）、「ごちそうマリネ」（河出書房新社）、「ずっと使える定番レシピ」（主婦と生活社）など多数。

Staff

ブックデザイン／細山田光宣、狩野聡子、小野安世（細山田デザイン事務所）、横村 葵
撮影／原ヒデトシ
スタイリング／佐々木カナコ（Part1〜4）、岩﨑牧子（Part5〜7）
取材・文／平山祐子
編集担当／中野桜子
編集デスク／野崎さゆり（主婦の友社）

撮影協力／ストウブ（ツヴィリング J.A. ヘンケルス ジャパン）
　　　　　デロンギ・ジャパン
　　　　　ル・クルーゼジャポン
　　　　　AWABEES、UTUWA

涙_{なみだ}がでるほどおいしい
スープと煮込_{にこ}み

2020年10月31日　第1刷発行
2023年11月10日　第5刷発行

著　者　渡辺麻紀（わたなべまき）
発行者　平野健一
発行所　株式会社主婦の友社
　　　　〒141-0021　東京都品川区上大崎3-1-1目黒セントラルスクエア
　　　　☎03-5280-7537（内容・不良品等のお問い合わせ）
　　　　　049-259-1236（販売）
印刷所　大日本印刷株式会社

■本のご注文は、お近くの書店または主婦の友社コールセンター（電話0120-916-892）まで。
＊お問い合わせ受付時間　月〜金（祝日を除く）　10:00〜16:00
＊個人のお客さまからのよくある質問のご案内 https://shufunotomo.co.jp/faq/

本書は2015年に発行した『スープと煮込み』を再編集したものです。